モードからフーガまで

しっかり学べる対位法

彦坂恭人・編著

自由現代社

実践! しっかり学べる対位法

-Contents-

Section 0　はじめに

世界史との関連性にも目を向けてみよう··· 4
 1　対位法を使用した様々な作曲家 ·· 4
 2　時代によって「常識」や「好み」は変化することを頭に入れる ·················· 5
 3　3度・6度の活用（フォーブルドン）··· 6

Section 1　二声対位法　〜対位法の基本〜

①1音符：1音符 ··· 8
 1　使用される音程 ·· 8
 2　一般的な禁則事項と本書との違い ··· 9
 3　旋法的なメロディとは？ ··· 10
 4　課題の実施にあたって1（決まりごと）·· 12
 5　課題の実施にあたって2 ·· 14
②1音符：2音符 ··· 17
 1　弱拍における注意点 ·· 17
 2　非和声音の使用 ··· 18
 3　平行5度（8度）、隠伏5度（8度）について ·· 20
③1音符：3音符 ··· 24
 1　J.S. バッハの対位法は「機能和声的」か？··· 24
 2　移勢対位法（掛留音の使用）··· 25
 3　コード進行から発想する方法 ··· 27
④1音符：4音符 ··· 29
 1　音符の組合せについて ··· 29
 2　平行5度（8度）、隠伏5度（8度）について ·· 30
 3　「諸規則からの解放」と「旋法」の積極的な使用 ·· 31
⑤1音符：自由旋律 ·· 36
 1　自由旋律について ··· 36
 2　一般的な「対位法」はどんなことを禁じているか ·· 38
⑥模倣の技術 ·· 40
 1　カノン ··· 40
 2　転回対位法 ··· 52

Section 2　三声対位法　〜様々な形式〜

①1音符：1音符（2音符）：2音符 ·· 56
 1　三声体の作り方 ··· 56
 2　旋律と終止形の特徴 ·· 58
②1音符：2音符：4音符 ·· 62
 1　どういった意識で学べばよいのか ··· 62
 2　バロック期以前の作例 ··· 66
 3　掛け合いを取り入れてみよう ··· 68

③ 対位法で作曲をする ··· 70
　1　インヴェンションとシンフォニアについて ··· 70
　2　対位法の課題を作曲に繋げる ·· 70
　3　曲の形式（スタイル）について ·· 75
④ 楽曲が作られた歴史的な背景からスタイルを探る ··· 76
　1　アルマンド（Allemande） ·· 76
　2　クーラント（Courante） ·· 77
　3　サラバンド（Sarabande） ·· 77
　4　ジーグ（Gigue） ··· 78
⑤インヴェンション、シンフォニアの構想 ·· 79
　1　楽曲の大まかな流れを掴む ··· 79
　2　旋法性を持った「対位法楽曲」を作る際の考察 ·· 83

Section 3　四声対位法　〜作曲、フーガ〜 ─────────────

① 1音符：2音符：4音符：自由旋律 ·· 86
　1　四声対位法の心構え ··· 86
　2　諸規則の整理と確認 ··· 87
　3　自由な作例 ·· 89
　4　模倣を取り入れる ·· 90
②対位法から実作へ ··· 94
　1　旋律の作例 ·· 94
　2　変格旋法について ·· 96
　3　旋律とバスの関係 ·· 97
　4　「伴奏を付ける」から「四声部を操る」へ ··· 99
③フーガの技法、導入 ·· 103
　1　フーガについて ·· 103
　2　主唱（主音または属音） ·· 104
　3　答唱（Ⅴ度音または主音） ··· 106
　4　対唱（Contre Suj.）／対主題 ·· 110
④フーガの技法、展開 ·· 113
　1　ここまでの構成と進行条件 ·· 113
　2　嬉遊部1 ··· 113
　3　「平行調」提示部（第二提示部） ·· 115
　4　嬉遊部2 ··· 119
⑤フーガの技法、終結 ·· 122
　1　下属調提示部（第三提示部） ·· 122
　2　再度の主唱提示 ·· 124
　3　ストレット（追迫部）と保続音部 ·· 125
⑥フーガの技法、楽曲全体の構造 ··· 129
　1　楽曲全体の構造 ·· 129
　2　旋法的なフーガについて ·· 131
　3　「主題」の変容のしかた ··· 131
　4　小さなフーガ（フガート） ·· 132

Practice　解答例 ·· 133

⇨ Section 0　はじめに
世界史との関連性にも目を向けてみよう

1　対位法を使用した様々な作曲家

　音楽史を紐解くと、主にヨーロッパ周辺において「古代の単旋律の聖歌・俗謡」から「中世（500~1500年代）のポリフォニー（多声音楽）」へと、正に気の遠くなるような長い期間をかけて少しずつ発展してきたことが分かります。そして、その間には数え切れない程の領土・覇権争いが行われ、例えば現在ではドイツ、オーストリア、イタリア、フランス等という各国名で呼ばれている場所も「一つの帝国（神聖ローマ帝国、オーストリア＝ハンガリー二重帝国など）」の一部であったり、民族や宗教的な事情に拠り、現代とは異なった形で細かく分かれていた時代もありました。

　本書では音楽史を細かく見ていくことはしませんが、興味のある方は作曲家や作品を知ると共に、その当時の歴史的背景も学んでいくと、さらに音楽に対しての興味や理解が深まることでしょう。教科書には載っていないような細部にこそ、物事の「本質」が隠れていることが多々あるからです。

　対位法を学んでいると、大家として必ず名前があがってくるバロック期の **J.S. バッハ**（独/1685-1750）は、現在でこそ「ドイツの作曲家」、「音楽の父」と言われていますが、彼が生きていた当時は、まだドイツという国はなく、広大な「神聖ローマ帝国」の一部でした。そして、奇しくもバッハと同年に生まれた **G.F. ヘンデル**（独→英/1685-1759）や、少し先輩の **G.P. テレマン**（独/1681-1767）のほうが、同時代人の評価や人気は遥かに高かったのです。

J.S. バッハ

　どちらかというと職人肌のバッハの音楽は大衆にとっては難解で前衛的であり、メロディとハーモニーが分離した比較的明快な「**ホモフォニックな音楽**」が台頭してきた時代（バロック以後の「**ギャラント様式・多感様式**」とも呼ばれる）でしたが、彼は自己の流儀に忠実に「**平均律クラヴィーア曲集**」や「**フーガの技法**」、「**マタイ受難曲**」など、後世にまで大きな影響を及ぼす傑作を書き続けたのです。

　いずれにしても、彼らが先人達の業績から多くを学び、消化した上でそれぞれのスタイルを形作っていったということに違いはありません。J.S. バッハ以前にも多くの巨匠が存在しますが、特に名前をあげておくべきなのが、ルネサンス期の大家**パレストリーナ**（Giovanni Pierluigi da Palestrina）〈※1〉です。

※1　彼の名前は本来「Giovanni Pierluigi」であり、パレストリーナは生地の名前。生地の名前の方が伝えられている。

⇨ Section 0　はじめに

　1525年頃にローマ教皇領（現在のイタリア）に生まれたといわれる彼は、多くの宗教曲（主に声楽曲）を残しており、その作品に見られる対位法の見事さは現在でも「**パレストリーナ様式**」として、古典機能和声以前の「多声音楽」の成果の一つとなっています（大まかに言うと、バッハよりも旋法性が強く残っている作風）。

　その他にも1450年代生まれのフランスの作曲家**ジョスカン・デ・プレ**や、心理描写豊かなオペラを多く作曲し、ルネサンスとバロックの橋渡しのような役割をした**クラウディオ・モンテヴェルディ**（伊/1567–1643）など、名前をあげればキリがありません。

　教会旋法（チャーチ・モード）から機能和声（メジャー・マイナー）へ音楽語法が大きく変動する時代に、対位法は主役の座から追われて「古い技法」と言われる存在になりかけましたが、モーツァルトやベートーベンなどの古典派以降の作曲家も「**フーガ（遁走曲/対位法の完成形）**」を交響曲のエンディングに据えたり、晩年の弦楽四重奏曲に採用しており、やはり最も興味深い「音楽様式」の一つであり続けたことは確かだったのです。

❷ 時代によって「常識」や「好み」は変化することを頭に入れる

　12世紀後半〜13世紀にかけて活躍したとされるフランス（確実な記録はない）の作曲家ペロタンは、「完全5度和音」を基軸に、3度や6度和音は「古典和声の見地」からすると「経過音、刺繍音、倚音、逸音」のように扱っているのが見てとれます。次の譜例を見てください。

Ex-1　「三声のオルガヌム」／作曲：ペロタン（ペロティヌス）

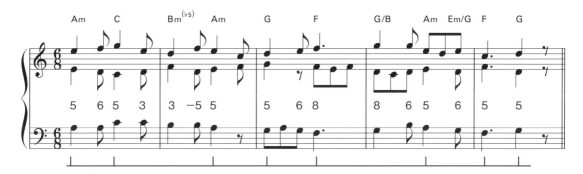

※大譜表の間の数字は、ソプラノとバスの音程を表しています。主旋律（トップ・ノート）の主音（トニック）は、「レ（D）」と考えられます。

　これは当時の音楽が、現在の「3度や6度」を含めた和音を基礎とする現代の感覚とは「**異なる感覚を持っていた**」ということです。あくまでも旋律線が優位であり、和音は副次的にできているようにも捉えられます。現代と共通している感覚は「同じ音程」を繰り返さないということでしょうか。「3〜4小節」と「最終小節」に例外的に連続8度・5度が見られるのは、「歌詞の切れ目」や「終止」が存在している為です。

　対位法を学ぶ際に、これまで述べた「**時代背景や様式**」が分からないまま話が進み、途中で挫折してしまうという方が多いように思われます。

3　3度・6度の活用（フォーブルドン〈※1〉）

「完全4度や完全5度」の隆盛から時を経て、イギリスのジョン・ダンスタブル（John Dunstable/1390頃–1453）から受け継がれた「3度、6度のハモリ」の手法を発展させたのが、ブルゴーニュ公国（現・ベルギー周辺）の**ギョーム・デュファイ**（Guillaume Dufay/1400頃～1474）です。彼が中世からルネサンスへの橋渡しをしたと言われています（「ブルゴーニュ楽派」の重鎮でもある）。

Ex-2　「Ave Regina Coelorum」／作曲：ギョーム・デュファイ

①パレストリーナ以降の対位法では、あまりみられない運声。
②声部の大胆な交叉。

こちらも、トニックは「D（レ）」です（敢えて特定するならエオリア旋法〈※2〉）。6/8拍子と3/4拍子が入り混じっていたり、第7音の変化による旋法の陰影の付け方や導和音（半音でアプローチ〈C#m〉）の用法など、興味深いところがたくさんあります。

※1　15世紀前半にイギリスで盛んであった作曲技法。従来の定旋律（ベース）と最上声部（現代でいうメロディ）との関係が「完全五度」を基本としていたのに対して、当時は不協和音程とされていた「六度関係」での平行進行が多用された軽やかなサウンドが持ち味。和声学やコード理論で『第一転回形』と呼ばれる形態が連続するなど、浮遊感溢れる進行が当時は新鮮に響いたことでしょう。
※2　旋法＝モード。本書では、教会旋法での対位法も同時に解説していきます。

Section 1

二声対位法
～対位法の基本～

Section 1　二声対位法　〜対位法の基本〜

① 1音符：1音符

1　使用される音程

♦1. 旋律について

　本書では、メロディの「音程」については特に制限しません。旧来の教本の多くは「長6度、長7度、増音程、複音程」の使用について、「歌いにくい」ことを理由の一つにあげて禁止していますが、それはあくまでも「**楽器が未発達であった声楽主流**」の時代や様式美を反映してのことでしょう。但し初学者は、旋律的音程（2度）を中心として、時に調性を決定する枠である「完全5度・4度」や、メジャー、マイナー・コードを想起しやすい「長・短3度」を基調として作曲するのが良いと思います（基本的な調性感を養う目的で）。

Ex-1　2度を中心とした旋律

♦2. 共時的関係（和音）について

Ex-2　音程について

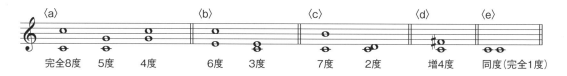

【原則】
〈a〉完全5度・完全8度は、主に「**曲頭**」、または「**曲尾**」に使用します。完全4度は「**経過的な用法**」であれば使用可能です（極力順次進行（※1）にて導かれること）。
〈b〉長・短6度、長・短3度は西洋のルネサンス音楽時代以降、主流となり多用されましたが、声部の独立性を保持するために連用はできるだけ「**3回**」までに留めましょう（但し「6度と3度」が交互になる場合は別）。

※1　順次進行…前の音から次の音へ「半音（短2度）」か、「全音（長2度）」で進行すること。
　　 跳躍進行…次の音へ「短3度以上」で進行すること。

⇨**Section1　二声対位法　〜対位法の基本〜**

〈c〉長・短7度、長・短2度は、「**掛留**」を伴うか「**倚音（アポジットゥーラ）**」としてであれば使用できます。
〈d〉増4度（減5度）は「**旋法的な用法**」か、長・短調の「**ドミナント（属和音）**」の象徴として使用されます。
〈e〉同度（完全1度）は、「**曲頭のみ**」に使用されます（曲尾は例外的である）。それ以外は「**刺繍**」、「**経過的用法**」であれば常に使用可能です。

2　一般的な禁則事項と本書との違い

♦1. 平行8度、平行5度（※1）

- 平行8度（連続8度）………「声部（例えばメロディやベース）を強化する」目的以外での使用は避けましょう。
- 平行5度（連続5度）………声部の独立性を損ねるという理由で、一般的には「いかなる場合も禁止」となっていますが、これも時代様式を限定した上での「作られた規則」でしかありません。音楽として聴いてみて、問題がなければ何ら差し支えありません。

目安としては、以下のようであれば「平行5度」の使用自体に何ら問題ありません。

- 教会旋法的（モーダル）な旋律
- 「平行5度」の後続のタテ関係（和音）が「3度または6度」であること
- 特殊な効果を狙った上での使用

但し、古典的な様式を完全に無視することは「独善的」になる恐れがあるので、初学者は意識的に避けた方が良いでしょう。

Ex-3　音程について

〈一般的〉
いかなる場合も禁止、連続5度。

〈本書〉
問題がない目安。平行5度の後続の和音が短3度（長3度、6度）。

※下段の例の上声部の二つ目の「ファ」と次の「ファ」は、タイで繋がっていなくても良い。片方の声部が保留（Keep）されている同時関係のことを「斜行」と呼ぶ。

※1　平行（直行）…それぞれの声部（旋律）が、同じ方向に進むこと。
　　 反行…それぞれの声部（旋律）が反対に進むこと。

♦2. 隠伏8度

隠伏8度とは、「**完全8度以外の音程**」から平行して「**完全8度**」に到達することを意味し、「**並達8度**」、「**直行8度**」とも呼ばれます。こちらも、あくまで声楽的（歌いやすい）かどうかが「**判断基準**」になります。

Ex-4　隠伏8度

♦3. 隠伏5度

隠伏8度の時と同様、「**完全5度以外の音程**」から平行して「**完全5度**」に到達することを意味し、「**並達5度**」、「**直行5度**」とも呼ばれます。

Ex-5　隠伏5度

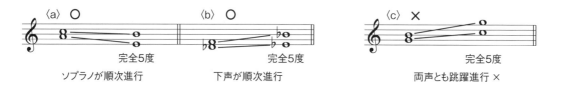

〈c〉最初の和音のソプラノと次の和音の下声部が順次進行しているようにも見えるが、できるだけ避ける。

3　旋法的なメロディとは？

先述のイギリスの作曲家ジョン・ダンスタブル作品からの引用です。コード・ネームを付けてありますが、これはあくまでも便宜的なものであり、ここで重要なのは各声部の動きです。

Ex-6　ジョン・ダンスタブル

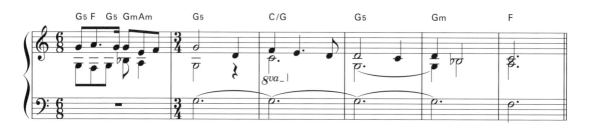

ソプラノの「歌」のみに注目すると、これはCメジャー・スケールの第7音が半音下がり、B♭になった「Cミクソリディアン」の旋法と判断できます。しかし、他の声部を合わせるとこの部分での和音進行上の調性は「F（ファ）」が中心のようにも感じます。

これを「C ミクソリディアンが辿り着いた先に F のコードが存在した」と見るのが「旋法的」な見方であり、聴き方です。

もちろん、結果的に「F メジャー・スケール」が、第 II 音である「ソ」から始まったメロディと捉えることも可能ですが、それはとても「機能和声的」な見方といえるでしょう。次に、もう少し単純化した例をあげてみます。

Ex-7　C ミクソリディアン

※「C Mixolydian」goes to「F Major」と捉える。

C ミクソリディアンの部分を「F メジャー・スケールの V 音から始まったメロディ」と捉えるのは機能和声的と言えます。

「スケール（Scale）」とは使用される音を並列しただけであり、「モード（Mode）」に聴かせる為には、「**どこにトニック（中心）が存在するのかを旋律線の動きで示すこと**」が必要です。本来、旋律線が辿り着くトニック（調性）とコード（和音）は必ずしも一致しなくとも良いのです。それが音楽に立体的な美しさをもたらします。

Ex-8　D エオリアン

※「D Aeolian」goes to「Dm」　→　D エオリアンが動き Dm への終止感を感じさせる。

こちら【Ex-8】の例は、素直に「D エオリアンの旋律ががそのまま Dm に帰結した」と捉えてよいでしょう。「第 V 音」から始まっているフレーズということです。

♦ 「旋律の調性」を決定する手掛かり

- 完全5度・4度の骨格（枠組み）
- 特性音（キャラクタリスティック・ノート）
- 長三和音（メジャー）・短三和音（マイナー）を決める音（III度/3rdの音）

　完全5度という音程は旋律内において「調性を決定する」のに重要な役割を果たします。また、原則としては完全5度であれば「下方の音」、完全4度であれば「上方の音」に重心を感じるようにできています（自然倍音の影響に拠るもの）。そこに併せて「特性音」と「長・短三和音（メジャー系かマイナー系）」を決定付ける音を如何に絡めて行くかがポイントです。

　また、「開始音」や「終止音」は重要な役割を果たしますが、必ずしもその音が「調性の中心」を決定付ける訳ではないことに留意してください。

4 課題の実施にあたって1（決まりごと）

　本来、対位法は「旋律を創作すること」が目的なので、課題の設定というのもおかしな話なのですが、慣れるまでは、「定旋律（c.f. と略される）〈※1〉」に対旋律を付けるという方法で学んでいくことが一般的です。

　ここでは実施にあたっての決まりごとをいくつか書きますが、本書では「規則・様式」を全て覚えるよりも、「感覚を身に付けて欲しい」という思いから、極力少なくしようと努めています。何が美しいのか…は、最後は個々人の判断に委ねられるべきだと考えているからです。

※1　Cantus Firmus（カントゥス・フィルムス / ラテン語）。元は12～16世紀に作られた聖歌や既存の旋律を指し、これを土台にして多くの「多声音楽」が作られた。現代ではその都度、教師や課題作成者が作った「新作」の方が多い。

⇨ **Section1　二声対位法　〜対位法の基本〜**

♦1. 使用する音階について

Ex-10　音階

※主音（中心音／トニック）は移調されることもあるので「相対的な位置関係」を把握できるようにしてください。

① 長旋法・長音階、短旋法・短音階（和声的短音階や旋律的短音階の使用も可能です）。
② 各種の教会旋法（アイオニアンとエオリアンは厳密には少し異なりますが①と同じとみなします）。
　　a. リディアン（Lydian）
　　b. ミクソリディアン（Mixolydian）
　　c. ドリアン（Dorian）
　　d. フリジアン（Phrygian）
③ 上記二つの混合（慣れるまでは一つの旋法で完結させましょう）。

♦2. 音域について

　対位法は元来、「声楽（教会音楽）」から発展してきた経緯があり、音域も声に合わせたものとなっていますが、「器楽（※1）」への応用も当然可能です。あくまでも目安として認識してください。

Ex-11　声域（個人差あり）

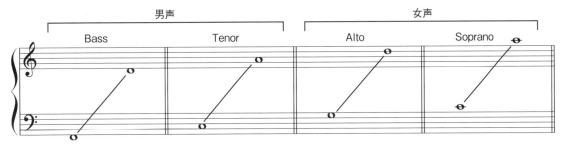

※主に3声体以上で適用。

※1　声ではなく、楽器を用いて演奏される音楽のこと。

13

♦ **3. 開始音の組合せ**

　対位法において「和音（Chord）」という概念は副次的なものです。旋律線と旋律線が合わさってできたものが和音ということであり、**「和音ありきで考えないこと」**が肝要です。しかし、現在の感覚では機能和声やコードで捉えた方が親しみやすい為、本書では次のように、便宜的に「度数」や「コード・ネーム」を入れる場合もあります。

　開始音は、楽曲や課題において最初に現れる音、または和音関係を指します。通常は「調性（Key）のトニック」にあたる「I度」で構成されます。

　例：ハ長調（C Major）における『ド・ミ・ソ』のうち、ドをベースとしたもの。単音で現れる場合は、必ず『ド』が優先される。

Ex-12　開始のパターン

5　課題の実施にあたって 2

次に、与えられた定旋律（c.f.）に対旋律を書きましょう。

Ex-13　例題1

　ソプラノに「定旋律」があるため、下声に等価（同じ長さ）の音符を付けていきましょう。「同じ音の連続」は極力避けるべきですが、定旋律の動きによって音楽は進んでいきますので「1回」であれば使用可とします。

♦ **手順**

1. 旋律の流れから主調（トニック／調中心）を割り出します。この旋律は、機能和声的に見ても「Cメジャー」と分かります。
2. 機能和声の場合は、和音にした際に「基本型」か「第一転回形」、または「トライトーン（増4度）」を形成することが大切です。反対に「第二・第三転回形」は、響きの独立性・機能性が希薄になるので、慣れるまでは特別な場合（終止前のドミナントの予備としての「I度の第二転回形」など）を除いて避けるべきです。
3. 副三和音（IIIm/VIm/VIIm$^{(♭5)}$）については和声法のような制限はありません。声部の滑らかな連結が目的であれば使用可能です。

Section1 二声対位法 〜対位法の基本〜

Ex-14 【Ex-13】実施例1 「機能和声的」

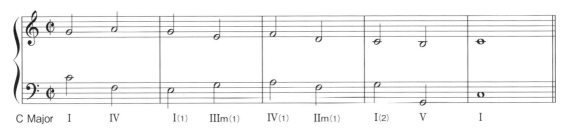

※ディグリネーム横、カッコ内の数字は転回形を意味します。1＝第一転回形、2＝第二転回形。

　音程を見ていくと「5度・3度」、「3度・6度」、「6度・6度」、「4度・3度・8度」となっていますね。確かに響きとしては安定していますが、これでは対位法というより「簡略化された和声法」という感じがしてしまいます。もう少し、「旋律的（メロディック）」な対旋律を考えてみましょう。

Ex-15 【Ex-13】実施例2 「対位法的」

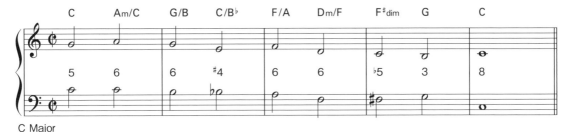

　ノンダイアトニック（音階の固有音以外）な音が混ざりましたが、先ほどの例より対旋律に「順次進行」が多く含まれているのが分かると思います。

　一般的には「機能和声法」の考え方で書かれている理論書が多いのですが、対旋律は「和音の形成」が主目的ではありません。あくまでも**「旋律的見地から発想」**し、でき上がる和音は**「従」**ということです。

Ex-16 例題2

1. ドリア旋法の響きを感じ取れたでしょうか？
2. 必ずしもダイアトニックな音を使わなくてはならない決まりはありません。また、最初と最後が和声的に見て「I度」でなくてはならないという固定観念も捨てて解いてみましょう。

Ex-17 【Ex-16】の実施例

上声はドリアですが、下声は「D エオリア」のような動きをしています。また、「D（レ）」がトニックとすると、これは和声的には「V 度」音に収束していっているようにも見えます。しかし、あくまでも旋法的に捉えて実施した結果です。

この後は、「1 音符：2 音符」に始まり、地道に対旋律を考えていきます。最終的にはP.71「**Ex-1 課題からの応用**」のように作曲につながるようになりますので、まずは基本を地道に頑張りましょう！

Practice 1

次の定旋律（c.f.）に対旋律を付けてみましょう。

〈a〉　G Major
〈b〉　F Major
〈c〉　D Natural minor（Aeorian）

（調の設定は一般的なものです、対旋律に異なる旋法（臨時記号含む）を使っても構いません）

解答例は P.133 ➡

→ Section 1　二声対位法　～対位法の基本～

② 1音符：2音符

1 弱拍における注意点

　ここでは、定旋律に対して「半分の音価（四分音符）」を付けていく方法に関して学びましょう。以下、定旋律と弱拍の音の「音程関係別」に説明していきます。

♦1. 完全1度、8度

　下声の二分音符の定旋律に対して、弱拍で「同度（完全1度）」や「オクターヴ（完全8度）」になること自体は構いません。但し、後続の音符に互いに「**反行（できれば一方、または両方が順次進行）**」で到達するようにしましょう。例外的に、後続が「**長・短3度、6度（協和音）**」であれば並行で到達することも可能です。

Ex-1　完全1度、8度の後に反行で到達

Ex-2　長・短3度、6度であれば並行も可

　【Ex-2】の際は、どちらかの声部が「順次進行」していることがさらに重要になります。また、一つの曲の中で乱用することは避けた方が良いでしょう。

♦2. 完全5度・4度

　弱拍で「完全5度・4度」になった場合も、後続の音に「**順次進行で達しているか**」、「**定旋律が順次進行**」していれば制限無く使うことができます。響きに硬さが出る場合は、反行で次の和音に入ることにより不自然さは回避されることでしょう。その他、長・短7度の場合は、必ず次に同一声部で「**順次進行**」をするように心がけてください。

Ex-3　完全5度・4度での注意点、順次進行

2 非和声音の使用

　「非和声音」という概念は「コード（和音）ありき」という前提であり、旋律主導の対位法においては多少の違和感がありますが、一般的にはこのように呼ばれています。

　「旋律と旋律」の同時的関係や、弱拍において「**長・短2度（隣音）の使用**」は旋律を滑らかに形成する上でも必須の技術といえます。どのような種類があるのかを把握し、響きを確認しながら身に付けていってください。

♦1. 経過音

　「1音符：2音符」以上の実施の際は、声部の入りを明瞭にするため、拍頭に「**休符**」を置きます。また、一般的には強拍には「3度・6度」や「5度・8度」の協和音が置かれ、そこから「はみ出した音」という解釈をする為、先述のとおり、「**非和声音（ノン・コード・トーン）**」という呼称を用いますが、旋律線を自由に動かしていくことを第一に考えていくと、「完全音程（特に8度や5度）」の多用や不協和音の大胆な活用も禁止されるべきではありません（中世やルネサンス期の旋法音楽では寧ろそちらが主流でした）。

Ex-4　経過音

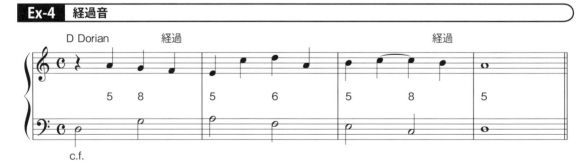

　【Ex-4】では、敢えて完全音程が主導になるような配置を心掛けてみました。機能和声に慣れた耳からすると3度音程（3rd）が無いと、少し空虚な感じを受けるかも知れませんが、こちらの方が「**旋律線の強さ**」が際立ってくるのが分かると思います。

　注意点としては、完全音程への接続はできるだけ「**反行**」、「**順次進行**」にすること。その場合の弱拍においては、非和声音以外は「3度や6度」等の「機能和声的な協和音」で補うことがあげられます。

♦2. 和声法における「第二転回形」の扱いと対位法における「規則の緩和」について

　旧来の機能和声的な対位法（器楽的対位法）では、「第二転回形」の使用について、低音位が「完全4度」を形成するため（例えばC/Gにできるソとド）、調性が不安定になり、独立和音とは見なせないとしています。しかし、例えばJ.S.バッハの作例を見てみると、確かにだいぶ古典和声的（機能的）ではあっても、決して「和声ありき」で書いていないことは一目瞭然です。最も不協和度の高いとされる「対旋律との短9度（オクターブ離れた半音関係）の形成」も旋律の流れを止めないものであれば、躊躇なく使っています。

Ex-5　第二転回形の扱い

刺繍音…一度使用した音にすぐ戻るフレーズの間の音。
たとえば1小節目のヘ音記号のパートでは、B（シ）A（ラ）B（シ）と動いているので、Aが刺繍音となる。刺繍音は、半音（クロマチック）か全音（長2度）になる。

♦3. 倚音

　強拍において不協和な音程が表れ、2度上行または下行して協和音（3度・6度）に解決していくものを「**倚音**」と言います。ジャズ・ポピュラー音楽における「テンション」と似たような感覚で捉えて構いません。従来の古典派音楽の分析において、通常は三和音からはみ出したものは全て「非和声音」や「変質音」と捉える傾向にありますが、旋律の場合はもう少し柔軟に捉えた方が良いと言えます。

　【Ex-6】においては「上行する倚音」と「下行する倚音」の二種類の例を出しましたが、後ろから2小節目の3拍目における「レ（D）」は属七の和音の「7th」とも捉えられ、例外的に「和声音」に含めることがあります。

　本来であれば、「レ-ド#-シ（D-C#-B）」と順次進行で「主音のラ（A）」に辿り着くべきなのを省略してしまったという細かい分析も成り立ちますが、コード分析ではなく**「実際に歌ってみてどのように感じるか」**を優先してください。

Ex-6　倚音

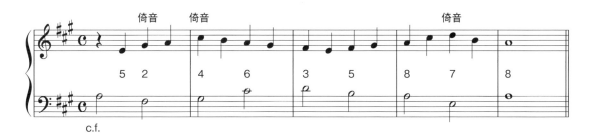

代表的な「非和声音」を見てきましたが、この他にも「掛留音（Suspended）」、「先取音」、「逸音」など解釈の違いによる仕分け方がいくつかあります。

本書では「線的な感覚」を磨くという部分に重点を置きたいので詳細は省きますが、音楽理論というものがあくまでも「**後付け**」であるということを記憶に留めておいてください。感覚的なものを言葉に直して「体系化」すると、本来の対象が「変形」していく恐れというのが常に付きまといます。特に、この対位法においてはそれが顕著であり、最終的には和声学と変わらないような結果に導いてしまっているものが多数あるのが現状です。禁則というものは「タブー」ではなく、様式や理論の上での「例外」と気楽に捉えた方が、実際の作曲に活かすことができます。

芸術に「正しい」、「誤り」というモノサシを持ち込むこと自体が、ナンセンスだと個人的には思います。

♦4. 補足

非和声音の使用について、いくつか細かい注意点をあげておきます。

Ex-7 非和声音の注意点

〈a〉…経過音や刺繍音が定旋律と半音（短2度）で接触することは、極力避けましょう（長2度や複音程の場合は可）。
〈b〉…非和声音の使用により、旋律が同じ場所を行き来して「停滞」してしまうのはあまり良くありません。
〈c〉…「対位法」に習熟するには、「分散和音（コード・トーンのみ）」のような旋律は制限しましょう（音楽的に良くないということではありません）。

3 平行5度（8度）、隠伏5度（8度）について

音価（音の長さ）が細かく分割されていくに連れて、当然の如く「コード」として捉えることが困難になってきます。禁則の数もケース・バイ・ケースで増えていき、それを全て覚えなくてはならないのかと悩んでしまうことがあると思いますが、「**禁則がなぜそうなったのか**」と自分で考えてみることが大切です。

本項でも念の為に「禁則」、「〜してはならない」、「避けたほうがよい」という表現をしていますが、その基準は「機能和声」の発想が元になっています。

「対位法」の学習がなぜ困難を極めるのかというと、旋律を「記号化」することが既に矛盾を孕んでいる為です。和音（Chord）は、まるで刻印のように、瞬間で「性格（例えばメジャーなど）」を表せるのに対し、旋律は単音で何も分かりません。

Section1 二声対位法 〜対位法の基本〜

ある程度の時系列があって、その中から任意に塊(かたまり)を取り出してみて、初めて「旋律の性格」が理解できるようなところがあるのです。

次にあげる禁則も、原理としては多声部であるべき旋律が、和音のように聴こえてしまう。つまり、「**異なった声部が融合してしまうこと**」を禁じているのです。

せっかく複数の人間が立体的に動こうとしているのに、動きがシンクロしてしまい「重なってしまう」ことに対して敏感になることが、対位法を学ぶ最大の意味です。禁則を参考にして、どういったものが「声部の融合を起こすのか」を見つけて行きましょう。

♦1. 平行8度・5度

「**強拍同士**」、または「**弱拍から強拍に掛けて起こるもの**」は避けましょう。

Ex-8　平行5度・8度　強拍

- 〈a〉と〈b〉は共に強拍同士で「平行(連続)8度・5度」を起こしています。
- 〈c〉は弱拍 ➡ 強拍への「平行5度」。
- 〈d〉は〈a〉・〈b〉と同様の「平行5度」です。

実際に弾いてみると分かる通り、旋律の動きを「オクターヴ」や「完全5度」という強い音程で堰(せ)き止めてしまっている印象を受けるはずです。ポイントは、後続の「完全5度・8度」が「**強拍にあるかどうか**」です。

Ex-9　平行8度・5度　弱拍

上記のような「**弱拍**」での平行8度・5度は許容されます。

♦2. 隠伏8度・5度

Ex-10 隠伏8度・5度

- 隠伏8度は避けましょう。
- 隠伏5度に関しては許容されます。

しかし、隠伏8度も旋法的な音楽においては、寧ろ独特の味わいがあって良いとも言えます。この辺りは「感覚論」になるので、理詰めで決定してしまうことに慎重になるべきです。あくまでも「**原則**」と捉えてください。

Ex-11 例題

1. 主体となる調性を決める→Fマイナー。
2. 曲頭や曲尾の和音は定型で埋める（Im/IIm-V7-Im など）。
3. なるべく順次進行を心がけながら、行き詰った場合は「和音（コード）進行」で発想してみる。

Ex-12 【Ex-11】実施例

⇨ **Section1** 二声対位法 ～対位法の基本～

Practice 2

次の各定旋律に四分音符の対旋律を付けてみましょう。初めのうちはコード・ネームを付けて大まかな目安にしながら考えてみるのも練習になります（旋法解釈は一つではありません）。

D Lydian

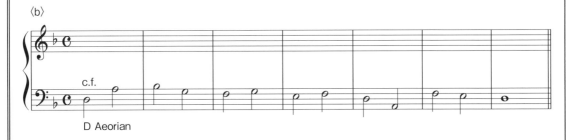

D Aeorian

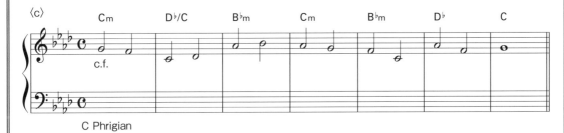

C Phrigian
※コード・ネームを目安にしてください。

解答例は P.133 ～ 134 ➡

⇨ Section 1　二声対位法　〜対位法の基本〜

③ 1 音符：3 音符

1　J.S. バッハの対位法は「機能和声的」か？

　ここまで読み進めてみて、「やはり対位法は難しい」と感じられた方も多いことでしょう。そして、過去に機能和声やコード理論を真面目に勉強なさった方ほど、その思いが強いかもしれません。それもその筈で、多くの対位法理論書が「和声法」から演繹されて書かれているからです。その響きが正しいと記憶してしまうと、それ以外の可能性を閉ざすこともあります。端的に「和声的な対位法」の特徴を述べますと、次のようになります。

- 強拍は「コードの基本形か第一転回形」を置く。
- 上記からはみ出る場合は、「非和声音（ノン・コード・トーン）」として、次の「和声音（コード・トーン）」へ繋ぐ。

　確かに、こうしておけば不協和（機能和声的に）な響きが生まれることはなくなりますが、本来の対位法は「異なる旋律」が同時に絡み合いながら、進んでいくものなのです。

　例えば、対位法の大家として歴史に名を刻まれた J.S. バッハの作品を眺めてみると、基礎構造として音楽の進め方に「機能和声的」な部分がありますし、そこから逸脱している部分においても「旋法的」というよりは、「平行和音的（例えば C-Dm-Em などの進行）」であるといえます。しかし、改めて作品をじっくりと研究してみると、そこには「理論」では統一できない「自由な精神」が見いだせます。

　ここでは「1 音符：3 音符」の格好の例として、J.S. バッハの作品の中でも著名なカンタータ（作品番号：BWV147）の終曲である「主よ、人の望みの喜びよ（Jesus,Joy of Man's Desiring）」の冒頭を参考に、フレーズの作り方を見ていきましょう。

⇨Section1　二声対位法　〜対位法の基本〜

Ex-1　「主よ、人の望みの喜びよ（BWV147-No.10）」／作曲：J.S. バッハ

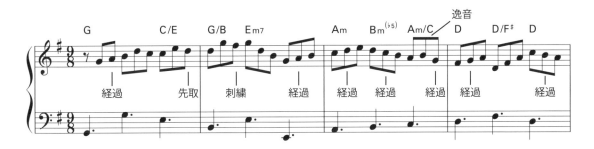

これまでに挙げていない非和声音について少しだけ触れておきましょう。

- 先取音（Anticipation）　………　次の和音の音を「先取り」したもの
- 逸音（Escape Note）　………　和声音からはみ出し、次の音へ跳躍するもの

譜例を見ていくと、如何に経過音の使用頻度が高いかが分かりますね。本来は「**コードという概念**」に縛られること無く自由に歌って構わないのですが、分析上、和声進行と関連付けて捉えた方が分かりやすいことが多いのも確かです。

❷ 移勢対位法（掛留音の使用）

「**移勢**（いせい）」という言葉は、まず日常生活で使うことはない専門用語と言えますが、「シンコペーション」というカタカナ英語であればピンと来る方も多いはずです。

簡単に言ってしまうと、本来アクセントが来るべき場所（通常は拍頭が多い）よりも前倒しで「次の頭拍」が現れることを指します。

この手法によってリズムに「躍動感」や「立体感」が生まれ、音楽に幅を持たせることができるようになります。まずは、譜例を見てみましょう。

Ex-2 移勢対位法

6/8 拍子は、「八分音符×三つ」のグループが連結された 2 拍子系です。

移勢（掛留）の基本的なやり方は、拍節の最後にできた協和音程（主に 3 度・6 度、完全 5 度）が残り、次の拍頭で「**不協和音程**」を作り、弱拍で二度下行（稀に上行）して「**解決**（不協和➡協和）」します。主なパターンとしては、次の 3 つです。

① 7 度 ➡ 6 度
② 4 度 ➡ 3 度（コード・ネームの sus4 の由来）、下行解決する
③ 4 度 ➡ 5 度、上行解決する

クラシカルな理論書ではもっと厳密に規則を定めているものが大半ですが、要点としては「**不協和➡協和**」という動きを作り出せば良いのです。複音程も仲間に入れれば、「9 度 ➡ 8 度（9th ➡ Root）」というケースもよく見受けられます。

ポップスで言うところのシンコペーションは、リズムさえずれていれば良いので「協和➡協和」という組み合わせでも良いのですが、対位法の移勢は「**リズムのズレと同時に不協和音を作り出すところ**」にカギがあります。また、一般的な理論書の「移勢対位法」という項目では、課題の最初から最後まで移勢を継続しなくてはならないのですが、実用的に考えるとそこまで厳密になる必要はありません。今後の課題では、移勢（掛留）も積極的に活用してみましょう。

それでは例題に挑戦してみましょう。禁則や注意点に関してはこれまでの内容に準じます。

Ex-3 例題

今回は少し難易度が高いですが、取り組む姿勢は「和声進行」を意識しながらも「旋律重視」という原則を忘れないでください。

3 コード進行から発想する方法

- 原則として、コードの根音（Root）か 3rd（第一転回形になるように）が当てはまると仮定して、「和音」から設定しても構いません。
- 定旋律となるべく「同じ音」にならないように気を付けながら軸となる音を最初に決めます。
- 機能和声で禁じられている「ドミナント→サブドミナントの進行」なども遠慮せずに使ってみましょう。

和音の設定と骨格を決めたら、後は音の流れを確認しながら休符の部分を埋めて行きます。慣れてくると旋律の塊が浮かんでくるようになります。

Ex-4 【Ex-3】の軸となる音を決めて 8 分休符の部分を埋める

最後に、完成したものを確認しましょう（あくまで一つの例です）。

Ex-5 【Ex-3】実施例

Practice 3

次の定旋律に「3つの八分音符」を使った対旋律を付けてみましょう（最初の小節の拍頭のみ休符にしてください）。

⟨a⟩

⟨b⟩

⟨c⟩

B Dorian

解答例は P.134 ➡

➡ Section 1　二声対位法　〜対位法の基本〜

④ １音符：４音符

1　音符の組合せについて

本項では、1つの音符の定旋律に対して、4つの音符で構成される対旋律の付け方を考えてみましょう。主な組合せは、以下の通りです。

〈a〉全音符（定旋律）×四分音符4つ（対旋律）
〈b〉二分音符×八分音符4つ
〈c〉四分音符×十六分音符4つ

Ex-1　音符の組み合わせ

〈a〉の形式以外は、一拍の中に複数の音符を付けることになりますが、モデラート（中庸のテンポ）程度であれば、弱拍の存在感が比較的薄く、「**各頭拍にのみ和声音（コード・トーン）を配置して**」残りの音はこれまで通りに「**装飾音や非和声音**」を付けていって構いません。〈a〉については各拍の重さが、他に比して大きく「**不協和が目立ちやすい**」ので注意が要ります。

これを、「1. 強拍」➡「2. 第一上拍」➡「3. 弱拍」➡「4. 第二上拍」と分けた場合、原則として「1.」と「3.」には「**安定的な協和音（和声学でいう和声音）**」を置くと良いでしょう。具体的には「**長・短3度か6度**」、「**完全5度か8度**」または「**増4度/減5度**」ということです。

Ex-2 強拍、弱拍に「長・短3度、長・短6度」、「完全5度、完全8度」または「増4度、減5度」

♦ 解説

・1小節目

「1音符：4音符」の場合、対旋律の滞留時間（滞空時間とでも言うべきか）が長いので、最初の小節の低音は**「トニックをはっきりと打ち出すフレーズ」**を目指しましょう。先程の原則から早速、外れていますが、ここは三拍目を経過的に処理しています。

・2小節目

二拍目に第二転回形の和音構造が現れますが、旋律の流れが自然であれば活用して構いません。

・3小節目

従来の対位法の教本では「1小節に一和音のみ」という原則が書かれているものもありますが、和声学的な見地に偏っているように思えます。

・4小節目

この部分も少し変則的な旋律になっています。コードで言うところの「ディミニッシュの分散音型」になっています。頻繁な使用は推奨できませんが、時にはスパイスとして使ってみるのも面白いでしょう。

・5小節目

経過音を使用した「よくある旋律の型」です。

・6小節目

終止形に関しては、極力**「トニックの主音」**に帰るように設定します。実質上、よく使われるのは「V7－Ⅰ（G7-C）」や「Ⅶm(♭5) の第二転回形－Ⅰ（Bm(♭5)/D → C）」のような形をしたものです。

② 平行5度（8度）、隠伏5度（8度）について

① 「強拍（※）➡ 強拍」、「弱拍 ➡ 強拍」は、ほぼ無条件で禁止とされています。
　　※ここでは「第一拍目」という意味で使っています。
② 厳格なものは、「弱拍同士で起こるもの」も禁止しています（例外も多数有り）。

しかし、旋法的（Modal）な音楽や近現代の音楽（ポップスやロックも含めた）を通過してきた耳にとって、余程クラシックの専門教育でも受けていない限り、これを「汚い」「不快」と捉えることはないでしょう。一応、様式上は機能和声には「ドミナント」という概念が確固として存在しますが、旋法音楽にそれをそのまま当て嵌めることは、やや強引と言えます。

⇨**Section1　二声対位法　〜対位法の基本〜**

音楽理論の研究家を目指すのでもない限り、「理論」に忠実になることが第一の目的ではないはずです。それよりも「平行和音」の響きを活かす方がユニークです。一曲の中で使い分けても構いませんし、自分なりのモノサシを持ち、耳を鍛える方が建設的と言えます。

　③平行（連続）8度は、声部の独立性の観点から原則として避けましょう（意図的な使用は当然可能です）。

尚、直行5度や8度に関しては、何れかの声部が「順次進行」をしていれば常に可とします。

Ex-3　平行5度（機能的と旋法的の比較）

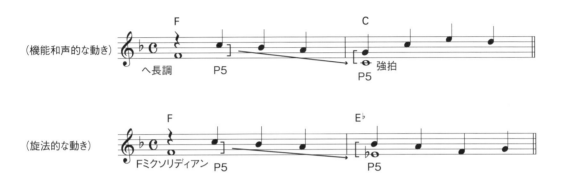

3　「諸規則からの解放」と「旋法」の積極的な使用

冒頭に書かせて頂いたように、美的感覚は本来、時代や民族、国家、個人によって異なっていて良いのです。但し、習熟するまではある程度は様式や規則という「モノサシ」があると効率が良いということも確かです。

本書は厳格な「対位法の理論書」ではなく、「対位法の精神やアイディア」をいかに作曲に活用するかに焦点を当てていますので、中盤以降は規則も頭の隅に置きながら如何にそれを掻い潜っていくかを考えてみましょう。

◆1. ドリアンとエオリアン

ルネサンス期の作品を眺めていると、旋法の中でも圧倒的に多いのがこのドリアンとエオリアンです。現代でもポップス、映画音楽、ゲーム音楽、ジャズにも取り入れられる頻度が高いのは、何か人間が持っている「本源的な感性」を刺激する魅力があるからでしょう。

長調（メジャー）と短調（マイナー）に収束していったのは、多分に政治・宗教的な影響も考えられます。つまり、「理性による精神の統御」や「科学技術の発展」という時代の流れにより、音楽もある種の制約を課されたといえるのです。しかし、芸術は決して「理性や科学」とイコールではありません。どこまで制御するかは本来、作る者の自由です。それは、「善悪や正誤」ではなく「遠近」で見るべきです。色彩でいうところの「グラデーション」を想起してみてください。

道路にある信号機のように、「赤・青・黄色」しか使えないという状態は「管理」するのにはとても都合が良いのですが、そもそも人間の感性は完全に制御しきれないものです。

少し、前置きが長くなりました。ここでは少し理論のことは脇に置いておき、「音」に耳を傾けてみてください。ご自分で演奏なさる方は楽器を使って作例を奏でてみてください。

Ex-4　ドリア旋法による作例

　少し極端な例を挙げましたが、これを音楽学校の「対位法の試験」で書いたならば、少なくとも5箇所以上は減点され落第することでしょう。しかし、機能和声の感覚を取り払って聴いてみたときに決して、おかしいとは思わない筈です（感覚の強要はできませんが）。寧ろ、美しいと感じた方は「**機能和声に囚われない感覚**」を持っているということです。

　実は、機能和声理論というのは旋法性という旧時代へのアンチテーゼ（反証）として確立されてきたものであり、特に「古典派の音楽（ハイドン、モーツァルト、ベートーベン等が代表）」はその傾向が強く打ち出され始めた時期とすらいえます。

　禁則というものは、決して無駄ではありません。しかし、ある一時代の様式美の典型例を示しているに過ぎないということを理解してください。つまり機能和声において、「ダメと言われていたこと」をやると旋法的になったり、近・現代的になるのです。一つの考えや法則に固執せず、柔軟に使いこなすことが「**作曲の真髄**」です。次にエオリア（型は自然短音階と同じ）の作例を挙げましょう。

Ex-5　エオリア旋法による作例

　古典和声学における協和音程（長・短3度、6度、完全5度・8度）と、旋法的な協和音程とでもいうべき「**完全4度**」を要所に配置しているのが確認できます。これは理論的に考えて作ったというより、私の中から浮かんだ旋律を少し手直ししました。その為、大胆にも「**定旋律と2度関係（実質は長9度）**」の部分ができていたり、5小節目の最後～6小節目拍頭にかけては「**平行（連続）4度**」も存在しています。

定旋律を作成する段階で、なるべく「機能和声的」にならないように配慮をしているので、これをいきなり「真似してみてください」というのも無理がありますが、一般的な対位法理論書との「共通点と相違点」の両方を洗い出してみることや、何よりも実際に歌ってみることが一番の訓練になります。

♦2. リディアンとミクソリディアン

次に、長調系の旋法である「リディアンとミクソリディアン」を使った例を挙げてみます。ここでは一つの課題の中で異なる旋法に移る手法（移旋）も試みています。

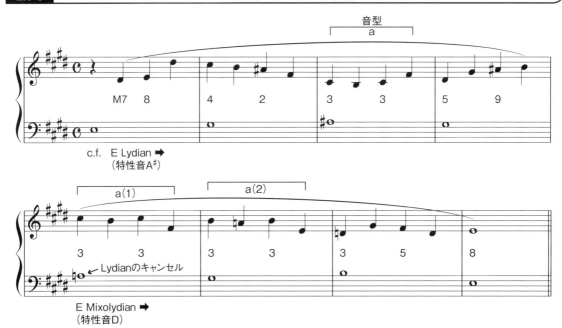

Ex-6 リディアン～ミクソリディアンに移行（移旋）した作例

旋法を明確に打ち出すために、曲の初めのうちに以下の３つを出していくことが大切です。

1. 主音 - 属音（完全５度の枠組み）
2. メジャー・マイナーの性格を表す、第三音
3. 特性音

やはり、先ほどのドリアンやエオリアンと同様に、要所で「**完全４度（時に増４度）**」の動きが見られます。そして、意外に「強拍に協和音程」が配置されている割合が高いことも分かるのではないでしょうか。旋法は「長・短調」の元になっているものですから、要点さえ理解してしまえば乗換えも自然にできるようになるのです。

ここからの例題や課題に関しては基本的には、機能和声の動きを軸にしながら、適宜「旋法」の要素を混ぜていって構いません。「**何度も作ること**」が作曲の練習には必要です。

Ex-7 例題

次の定旋律(全音符)に、対旋律(四分音符)を付けてみましょう。

終止形からA♭メジャーが調性の中心であることが推測できます。基本的に「**強拍は協和音(3度か6度か5度)**」に収め、隙間を非和声音で埋めていくようにしましょう。これまでに見てきたもの(掛留音や旋法的解釈など)は全て使って構いません。

Ex-8 【Ex-7】実施例

この程度の長さの曲であればあまり関係ありませんが、長い曲になってくるとリズムの変化も必要になることでしょう。そういったときには、「**移勢(掛留音)**」も積極的に取り入れてみましょう。また、対旋律の動きは定旋律と「**反行**」させるように作っていくと、バランスが取れることでしょう。

Practice 4

次の定旋律に、「4つの四分音符」を使った対旋律を付けてみましょう（最初の小節の拍頭のみ休符にしてください）。

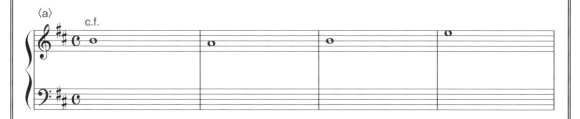

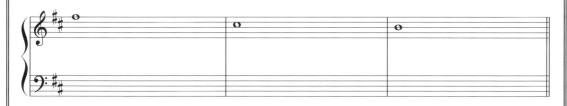

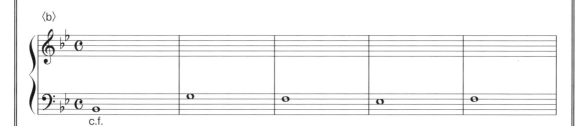

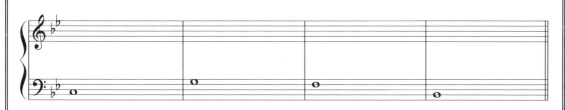

解答例は P.135 ➡

⇨ Section 1　二声対位法　〜対位法の基本〜

⑤ 1音符：自由旋律

1　自由旋律について

　本章では、定旋律（全音符）に対して、これまで学んだ「全音符以外の全てのパターン」を使って対旋律を作っていきます。一般的には「**華麗対位法**」や「**自由対位法**」と呼ばれるものであり、実際の作曲にかなり近付いて来ますが、初めのうちはいくつかの約束事の範囲で書いていきます。

♦ 音符の使い方
- 二分音符と四分音符を軸に、八分音符は装飾的（主に弱拍で）使うこと。
- 移勢（掛留）を適度に混ぜること。
- 定旋律が全音符であるため、間延びしてしまうようなリズムは避ける。
- 「平行5度・8度」、「直行5度・8度」に関しては、これまでと同様に行う。

　大まかにまとめるとこれだけですが、具体的な譜例がないと分かりづらいと思いますので、いくつか作例を見てみましょう。

Ex-1　開始の仕方、組み合わせ

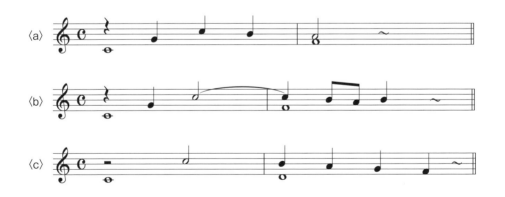

〈a〉四分休符 + 四分音符3つ。
〈b〉四分休符 + 四分音符1つ + 二分音符1つ（移勢/掛留を含むこと）。
〈c〉二分休符と二分音符（移勢/掛留は必須ではない）。

　上記の3パターンが使用されます。反対に、次の〈d〉のような「小節の中間」に移勢の効果が起きるものは、リズムの停滞が起きるため、「対位法学習」では原則として禁止されています。

Ex-2　小節の中間に移勢の効果が起きるもの

〈d〉四分休符＋二分音符１つ＋四分音符（使用しない）

しかし、本書においてはこの原則は緩和する方向に進めていきます。あくまでも「**最初の段階では**」と記憶しておいてください。基礎学習においては、制限があった方がやりやすいということもあるのです。

説明だけではイメージが掴みにくいと思いますので、作例を挙げてみます。

Ex-3　「1 音符：自由旋律」の作例

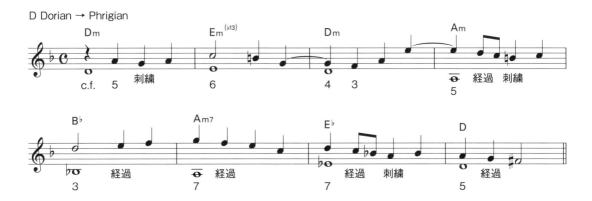

基礎的にと言っている側から「旋法的」で特殊な作例になってしまいましたが、映画音楽風に作っているので、かえって親しみやすいと思います。

もし、これを機能和声の観点から採点した場合は、「特殊な倚音」、「複音程への跳躍旋律」、「対斜（半音階の変化が近接して別の声部で起こること）」、「平行５度」等を赤ペンで塗り潰されてしまいそうですが、まずは大まかに「**リズムの配分**」を眺めてみてください。できるだけ「**同じ型の音符の組合せ**」が出ないように工夫されているのが分かると思います。また、旋法的とはいえ、非和声音の使い方に関しては機能和声と共通する部分もたくさんあります。後は「**旋律の起伏**」です。

旋律の起伏は理論化するのがとても難しい部分なので、これからたくさんの譜例をご覧になり、また例題・課題を解いていきながら感覚を養って欲しいと思います。コツはやはり「**歌うこと**」にあります。
鍵盤楽器や打ち込みに慣れてしまうと、忘れがちなのは「**呼吸**」です。管楽器奏者であれば自明のことが、作曲家には理解できていないということも結構あるのです。弦楽器奏者にしても「**弓の切り返し**」があるので、旋律の起伏（波打ち方）が自然と身に付いてくるものなのですが、作曲だけに特化してしまうと、しばしば音楽の重要なポイントを見逃したりします。
対位法は「旋律が命」ですから、線のみでどのようにお話を紡いでいくのかを真剣に考えなくてはなりません。

2 一般的な「対位法」はどんなことを禁じているか

ここでは、華麗（自由）対位法における禁則の中で、今まで触れていなかった部分をいくつか紹介します。音楽に禁則は無いというスタンスで書いてはいますが、やはり長年に渡って培われた「様式美」は実際の創作にあたって大いに参考になります。それをただ守るのではなく、一体どのような理由で禁じられているのか、また許容されるのかを「**自分で考えてみること**」に意義があるのです。

Ex-4　定旋律に対して半音「短2度」を経て「同度」に達する非和声音

対位法では声部の独立がとても重視されるので、二つの声部が「**融合**」してしまうような動きは禁じられます。但し、これが複音程（短9度）、つまり「**オクターブ離れている場合**」は許容されます。

Ex-5　移勢における「短い音価の音」と「長い音価の音」の結合

これに関しては、「**音楽が停滞してしまうこと**」が禁止の理由になっていると思われます。また、本来の拍節構造を乱すという点も挙げられるでしょう。しかし、あくまでも西洋の一時期の様式感でしかないという風にも感じます。

例題に入るにあたって、一度これまでの内容を復習してみることをオススメします。

Ex-6　例題

次の定旋律に「自由（指定の範囲の）」な対旋律をつけましょう。

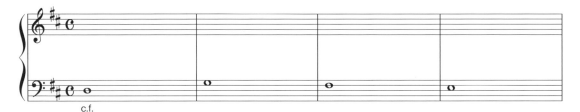

⇨ **Section1　二声対位法　〜対位法の基本〜**

まずは「開始の仕方（P.36）」を確認しましょう。初学者の方は、その後はできるだけ1拍・3拍目を「和音構成音（基本形か第一転回形）」になるように配置していきます。旋律の流れが一方向に偏らないように、定旋律の動きも意識しながら音を繋いでいきましょう。

ある程度、習熟されている方に関しては、規則ではなく「**具体的な旋律のイメージ**」を頭の中で作ってから書き出すことを推奨します。

絶対音感が無くても、ご自分の中で「ド」の高さを決めて、残りは相対的に歌ってみる練習も効果的です。

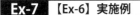

Ex-7　【Ex-6】実施例

Practice 5

次の定旋律に「自由（指定の範囲の）」な対旋律をつけましょう。

〈a〉

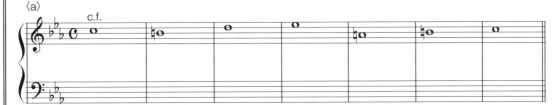

〈b〉

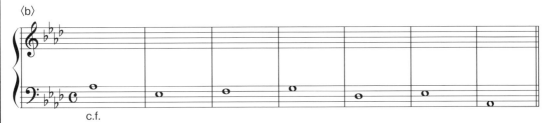

解答例は P.135 ➡

39

⇨ *Section 1* 二声対位法 ～対位法の基本～

⑥ 模倣の技術

　先に歌い出した声部の特徴（音程、リズムなど）を、後から続く他の声部が真似をしていく手法を「**模倣**」といいます。全く同じ音の高さや長さで真似して行くものもあれば、動き方（進行方向）のみ大まかに真似していくものまで、様々な種類があるのですが、ここでは代表的なものを見ていきます。

　本章から、より作曲の自由度を増していきます。これまでの「定旋律に慎重に対旋律を付けていく」というより、実作品や譜例を学ぶ過程で対位法の魅力の一端を味わってください。

❶ カノン

　模倣のやり方には、いくつかの定番があります。

♦ カノン

- **A. 順行** ………… 同度 ~8 度以上離れた声部で同じ動きをするもの。
- **B. 反行** ………… 音程やリズムを守りながら、進行方向を反転させるもの。
- **C. 拡大、縮小** … 先行声部のフレーズの音価を伸ばしたり縮めたりして立体的に作るもの。
- **D. 逆行** ………… 先行声部を文字通り「後ろから」真似していく。先に全体像が見えた方がやりやすいため、ある程度の長さが欲しいところ（数小節単位など）。
- **E. 自由模倣** ……… 模倣が断続的であったり、一部の要素のみ真似したりと「気まぐれ」だけれど、実践的なもの。

　まず、手始めにバロック時代に活躍した作曲家 J.P. スヴェーリンク（蘭 /Jan Pieterszoon Sweelinck/ 1562~1621）〈※1〉の順行カノンの例を見てみましょう。

※1　ルネサンス末期～初期バロック時代にオランダで活躍した名オルガニストでもある。その洗練された鍵盤作品の書法は J.S. バッハにも影響を与えたといわれる。

⇨Section1　二声対位法　〜対位法の基本〜

◆A. 順行

Ex-1　8度のカノン（1）「Fantasia Bicinium（抜粋）」／作曲：スヴェーリンク

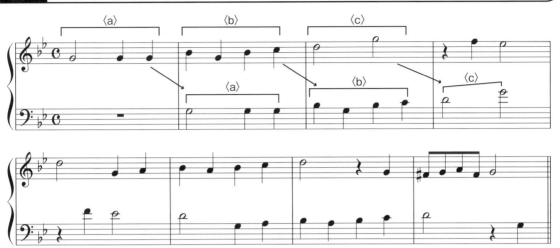

　この曲は、典型的な「8度（オクターブ）カノン」で始まっています。右手で先に歌い出したフレーズ〈a〉をそっくりそのまま、左手が「追いかけっこ」をしていますね。当時の作曲家は対位法的な即興演奏も得意な人が多かったので、このくらいならアドリブで作ってしまった可能性もありますが、大体が「**3度か6度**」で和声的にも成り立つように書かれているのを確認してください。

　先にコード進行を設定するのではなく、「**フレーズによって先の展開も導いていく**」というのは簡単そうに見えて大変なものです。また、リズムに注目すると、必ず対旋律は模倣パートと「**異なるリズム**」を補完しているのが分かると思います。次の曲は拙作ですが、分かりやすいメジャー・キーで書いてみました。

Ex-2　8度のカノン（2）

　まずは、右手の〈a〉を書き、それを次の小節の左手にそのまま写します（1オクターブ下げて）。次にその真上に、〈a〉とは異なるリズムで、且つ音楽が進んで行くようなフレーズ〈b〉を考えてみます。調性を把握しやすいよう、最初は和声的に考えて「3度・6度」になる関係を試してみることが大切です。

　一小節単位のコードではなく、あくまでも「**フレーズを繋げていく**」こと、調性や進行上で「**不自然に聞こえないか**」などを確認しながら試行錯誤を重ねてください。最終小節は曲を終わらせなくてはならないので、多少の変化を付けても構いません。

41

次に、他の音程におけるカノンの例を示します。以下のように、様々な種類があります。

- 全音や半音の位置まで厳密に守っていくもの。
- 調性を保持しながら模倣していくもの。
- 「音程の度数」のみを一致させ、細部に拘らないもの等。

Ex-3　6度上のカノン

Ex-4　7度下（2度上）のカノン

※後半はセカンダリー・ドミナントに変化させたり、モーダル・チェンジを取り入れています。

♦B. 反行

反行模倣（カノン）は、先行声部の旋律を「**後続声部が反対方向へ**」と模倣進行していきます。先行声部が上行したら、後続声部は下行。または、その反対（下行したら、上行）です。また、大まかな音程だけでなく「**全音・半音**」の位置関係まで一致させる厳密なものと、そうでないものがあり、厳密に行うためには組合せを予め考えておく必要があります。

例えばCドリアンの場合は下記のような組合せになり、これを厳密に守って反行模倣する訳です。

Ex-5　Cドリアンの反行の組合せ対応表と例

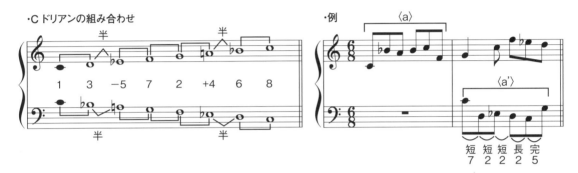

最初はその都度、表を確認するのが大変ですが、何回も書いているうちに感覚が掴めてきます。作例を一つあげておきますので、どのような仕組みになっているのか研究してみてください。

Ex-6　厳格な反行カノン1

※最終小節は声部が「補填」してあります。

リディアンやドリアンの場合は、「完全5度堆積」で最もバランスが取れる構造を持っているので主音同士が一致していて分かりやすいのですが、メジャー（長旋法）やマイナー（エオリアン・自然短音階）ですと、少しズレが生じます。

Ex-7　Cメジャーの反行の組合せ対応表

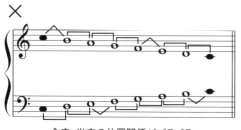
全音、半音の位置関係がバラバラ。

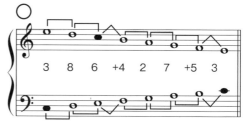
全音、半音の位置関係が主音と3rdで対応している。

音の対応表をご覧になるとわかりますが、下の段の「ド・レ・ミ・ファ・ソ」が厳密に対応させようとすると「ミ・レ・ド・シ・ラ」になります。

基本的に、調性は「**下方の音（低音）に支配されやすい**」ので、下段から何気なく初めるとメロディは「Aminor」のフレーズ感が強くなるのです。それも踏まえた上でメロディを作っていきましょう。もし、うまく行かなくても一小節前に戻って書き直せば大丈夫です。制約があるからこその面白さというのを、ここでは感じて頂けると幸いです。

Ex-8　厳格な反行カノン2

最後の3小節は、曲を終らせるために変化させています。同主短調（サブドミナント・マイナーなど）を使用。

ちなみに、主音を揃えた「**音程関係が厳密ではない反行カノン**」も当然作ることが可能です。次の譜例はDメジャー・スケールを主音のみ揃えて「反行」で組み合わせた見取り表です。音程の数字は合わせながら、「**厳密な半・全音**」に関しては気にせずに作ってみましょう。

⇨ **Section1** 二声対位法 〜対位法の基本〜

Ex-9 Dメジャー主音のみを揃えた反行モデル

Ex-10 音程が厳密ではない反行カノン例

Ex-11 例題

次の表を参考に、反行カノンを作ってみてください。6〜8小節程度でも構いません。

「音程対応表」を見ながら、行き先ではどのような形になるのかも想像して書いてみると、とても練習になります。2小節目まで参考に作ってありますので、その先を続けてみてください。

Ex-12 【Ex-11】実施例

◆C. 拡大、縮小

　先行声部の「音価（音符の長さ）」を伸ばしたり、縮めたりしながら模倣していく手法を「**拡大・縮小**」といいます。具体的にどれくらいの長さに変えるのかは、作曲者のセンスにかかっています。また、対旋律（模倣声部）の「入り」のタイミングは必ずしも次の小節でなくても構いません。初めは「**原型が記憶できる範囲内**」で伸ばすことを試してみると良いと思います。

Ex-13 拡大模倣

　先行声部の1〜2小節目のフレーズを「**二倍の長さ**」に広げたものが、下段の対旋律となっているのを確認してください。

　次に、縮小の例をあげます。

Section1 二声対位法 〜対位法の基本〜

Ex-14　Eフリジアン　縮小模倣の作例

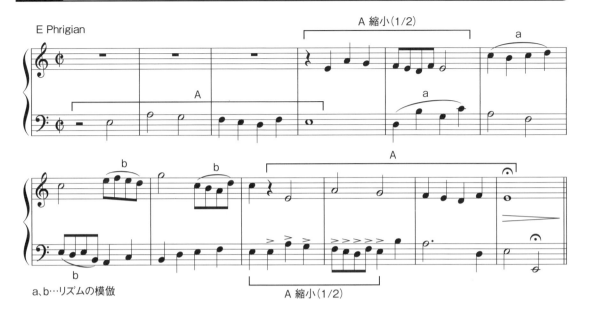

【解説】

　機能和声の世界とはかなり異なった印象を受けられたと思いますが、スペインではクラシック音楽や歌謡旋律の中にも多く出てきますし、日本の陰旋法も響きとしては似ているところがあります。さて、作例を順に見ていきましょう。

① まず「下声」に先行句（一曲を通して使われる場合は「主題 / テーマ」とも呼ばれる）が出現します。
② 三小節に渡って「主題」が展開されます。
③ 4小節目にやっと後続声部が先行声部の「1/2（半分の音価）」で、あっという間に二小節に主題を纏めています。
④ 6~8小節は「経過的な役割」をするので「経過句」などと呼ばれるものですが、次に主題が出るまでの間奏の役割です。できるだけ、対位法の模倣の技術を使いながら進めていきましょう。
⑤ 終わりから四小節目の下声部に、今度は主題の「縮小形」を先に出しています。そして、ほぼ間を開けることなく、上声が初めのテーマをそのまま歌っています（丁度、前半部分と上下がひっくり返り、入れ子状に組合わさります）。
⑥ 最後の部分は終局に向かうために、下声部に「終止の型」を付け足しているのが分かると思います。

　このように、対位法は規則だけでなくアイディアを膨らませるための「きっかけ」になるのです。どのような旋律にすれば飽きが来ないか徹底的に悩み、練習を繰り返す事が一番大切です。

◆D. 逆行

　逆行とは文字通り、フレーズの「**頭と尾を逆さまに歌っていくこと**」を指します。聴覚上では、なかなか認識しづらいので、作曲の「知的遊戯」の側面もあると言えます。

　どのくらいの単位で「逆行」するのかも色々な選択肢があり、「**小節単位**」、「**楽句（一定のまとまり）単位**」、「**曲単位**」などがあります。

　次の譜例は何のことはない「C メジャー・スケール」で作られていますが、後続の声部がしっかり最初のフレーズの「**逆行模倣**」をしているのが分かると思います。

Ex-15　逆行模倣

　さらに、知的遊戯の側面が増しますが、「**逆行反行模倣**」というものもあります。これは音程関係を厳密にやってみると、自分でも想像が付かない方に音楽が進んでいく面白さがあります。

Ex-16　C minor（厳密な音程関係）の反行対応表

　上が A♭、下を D から並べると見事に音程関係が一致しますが、ここを敢えて C を中心にして曲を作ってみました【Ex-17】。

Ex-17　一小節単位の「逆行反行模倣」

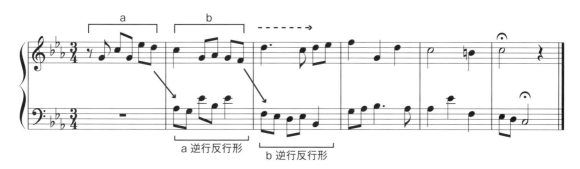

　一小節ごとに、逆さまから読み「表」と照らし合わせてフレーズをつくり、その上に対旋律（自由）を付けていくというやり方をとりましたが、非常に独特の流れです。

♦**E. 自由模倣**

　模倣が断続的であったり部分的である場合は、全て「**自由な模倣**」と呼びます。実際の作曲で一番活用されるのは、この「自由な模倣」であることは間違いありません。

　J.S. バッハの著名な「インヴェンション」にもたくさんの用例が出ていますので、機会があれば是非研究してみるとよいでしょう。ほぼ、完全な「カノン」から「部分模倣」まで、その音楽はとても二声とは思えないほど豊穣でアイディアに満ち溢れています。

Ex-18　インヴェンション13番（抜粋）/ 作曲：J.S. バッハ

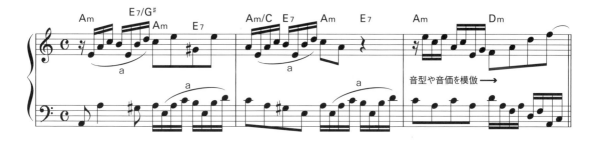

　最初に上声部で出した「a」の動機（モチーフ）を2小節間で左右相互に使っていますね。巧妙な点はその間に「対旋律」を少しずつ変形させながら、音楽を前に進めているところです。

　和声的に見てみると「T-D-T-D（※1）」と動かしていたのが、三小節目に「T-S」が出て、この後の展開を期待させてくれます。

　次も自由な模倣を作曲に活かした例です。一応、コードネームも付けましたが、対位法的な楽曲は「コード・ネーム」では表しきれない要素をたくさん含んでいることが分かると思います（P.50）。

※1　T…トニック、D…ドミナント、S…サブ・ドミナントの略

Ex-19 自由な模倣による練習曲 / 作曲：彦坂恭人

　これまでの規則ずくめの「演習」とは、一見何の関係もないくらい音が自由に動いていますが、根幹は同じです。和声進行という背景（映像におけるような）に囚われず、**「単旋律」**で音世界を切り拓いて行き、その旋律が通った後に「和声」というお土産が付いてくるのです。

【解説】

① 最初に右手で提示されたフレーズ「a」を、次の小節の左手が「厳密ではない形」で模倣しています。それに対して書かれた対旋律「b（2小節目）」もまた、次の小節（3小節目）の左手にやや変形されながら模倣されています。このように、自由な模倣には**「断片化」**や**「変形」**が付き物です。作曲は規則を守ることが目的ではありませんし、「様式美」というものすら、本来は定型化できないものだと思います。

② 5小節目から4小節間に渡って**「反復進行（ゼケンツ / シークエンス）」**が続きます。これは、ある一定の型を移高しながら反復していく常套手段ですが、バロック時代の作曲家には特に愛用されていました。和声進行も比較的素直な進行が好まれます。8分音符のフレーズが、どのように調整されているかにも目を向けて見るとよいでしょう。

③ 3段目の「B セクション」は、トニックに向けての準備が始まります。作曲で大切なことは、「**少し先を見越しておく**」という点です。いくら「一小節」だけ美しいところがあっても、全体の均整が取れていない曲は魅力が半減してしまいます。この辺りは「呼吸や間合い」という非論理的な言葉でしか表せないのですが、多くの楽曲に触れたり、自分で書くことにより身に付けるものです。

④ 「11 小節半ば ~12 小節目」は、曲の冒頭のメロディやトニックに帰る為に、大胆な下行音型にしているのが分かると思います。最後の段は冒頭と同じメロディですが、下声の動きに変化を与えて次の「副属七の和音（セカンダリー・ドミナント〈C/B♭ = C₇/B♭〉）」を導いています。

⑤ 17 小節目からはある種のエンディングの延引であり、最後は旋法的な「♭VI ➡ ♭VII」からトニックへ収束させました。メロディも、これまでがほぼ一拍目を打っていたので、敢えて一呼吸（四分休符）置くことにより、曲の終わりを強調しています。

Practice 6

次のモチーフ（動機・メロディの題材）を元に、「自由な模倣」を活かした練習曲を書いてみましょう。長さは短くても構いません、試行錯誤してみることが大切です。

解答例は P.135 ～ 136 ➡

2 転回対位法

　転回対位法とは、二声部以上を持つ楽曲において、各声部の「**上下関係を入れ替えても曲として成り立つように構成された対位法**」のことです。中世の 14~15 世紀あたりが全盛期と言われていますが、ルネサンス後期からバロック時代中頃にかけても多数の実例が存在しています。また、二声体の曲であれば「**二重対位法**」、三声体なら「**三重対位法**」と、転回できる可能性に応じて名称が付けられています。

　J.S. バッハが生きた時代には、既にこういった「複雑な技法」を追求する作曲家は減っていたのですが、「平均律クラヴィーア曲集」や「フーガの技法」には作例が見られ、バッハの対位法に対する熱意は相当なものだった事が伺えます。後年、現代音楽・無調の先駆けとして現れた「十二音技法」にも対位法の技術が活かされるとは予想もしなかったことでしょう。

◆8 度

　それぞれの声部を「1 オクターヴ」入れ替えても成り立つものを「**8 度の二重対位法**」といいます。シンプルに入れ替えるだけなので、転回対位法の中でも最も活用しやすく用例も多いといえます。

Ex-20　「8 度」の二重対位法の作例

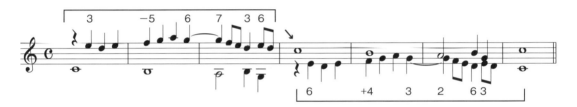

　譜例をご覧になっての通り、原則として和音の「**基本形か第一転回形**」を強拍に配置すれば、いつでも入れ替えが可能です。また、不協和音程に関しては弱拍に置かれ、「**非和声音（刺繍音・経過音・倚音・掛留音など）**」としての扱いを守っていれば使用に差し支えはありません。念の為、音程がどのように入れ替わるのか確認してみましょう。

【音程の変化】

完全 1 度 – 完全 8 度 …　曲の最初と最後のみ、または 1 回程度であれば途中で協和音として使える。
3 度 – 6 度 ……………　3 回の連用を超えなければ常に可能。
完全 5 度 – 完全 4 度 …　完全 5 度は協和音として使えるが、完全 4 度は独立的には使えない。
2 度 – 7 度 ……………　不協和であるため、非和声音としてのみ使える。
増 4 度 – 減 5 度 ………　トライトーンは不協和であるが、オクターヴを二分割する性質上、協和和音として活用可。

⇨ **Section1** 二声対位法 〜対位法の基本〜

♦ **10度**

　10度に関しては技法的に特殊といえます。なぜならば、単音程になおすと「**オクターヴ+3度**」になり、原型か転回形のいずれかに必ず不協和、若しくは、使用に制限がある完全音程が形成されてしまうからです。

Ex-21 10度下方への転回例

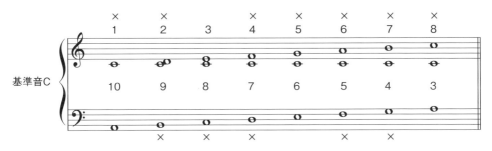

※上方への転回も結果的には同様の問題がおきます。

　つまり、「10度転回」に関しては実用性というよりも、ある種の「達人技」を競う為の材料であったとも推測されるのです。J.S. バッハも、フーガの技法において「10度の二重対位法」を行なっていますが、どちらかというと入れ替えの面白さよりも、「**平行調（短3度下）の音を伴った3度堆積和音の主題**」になる点を活用しています。

　【Ex-21】から分かるとおり、C メジャーのフレーズが A マイナーに置換されるのですからそれは当然ともいえます

　ここでは、調性を大きく捉えて旋法的に実施してみました。和声法の禁則を恐れる余り、旋律線が制限され過ぎるのも本末転倒です。あくまでも書きたい旋律を優先しながら、規則や常識との融和も同時に目指していくという姿勢が大切ではないでしょうか。

Ex-22 旋法的に不協和音を使用した例

※完全4度や完全8度に達する際に、できる限り「反行」で入るようにすると「和声的禁則」に触れながらも旋法性を活かせます。

Column　旋法的な対位法を探る

　私が長年、対位法を学んでいて気付いたことは「機能和声の影響力」の計り知れない強さです。対位法は、「線的技法」ともいわれており、重心は明らかに「旋律（ヨコの動き）」の追究にあるべきです。

　実際に中世やルネサンス期の大家の作品をみると「**空虚5度（3rd が無い和音）**」や「連続4度」もあれば、「声部の交叉」や「対斜（別声部における近接した変位音）」も当たり前のように見られます。しかし、その後の時代は善悪や明暗の分かりやすい長旋法（メジャー）や短旋法（導音が必須）という「3度か6度を主体とした音楽」が支配的になり、J.S. バッハはもちろんのこと、さらに旋法的といわれるパレストリーナですら、後世の学者の手に拠っても比較的「機能和声的」に解釈されているといえます。

　三声になって一音増えると、二声体よりも遥かに和声的になり、それこそコードを繋ぐという発想と何ら変わらなくなってしまい、大半の理論書においても「一音不足した機能和声」の域を出ていないものが多いというのが現状です。

　本書は、できる限り今までに余り省みられなかった旋法性（Modal）というものを活かしていきたいという理念の元に書いているので、機能和声的な規則も参考にしながら、皆さんもそれに縛られない「対位法」に挑戦してみて欲しいものです。また、当時は「コード・ネーム」という概念は存在しませんが、J.S. バッハ自身も「旋律の動きと和声の関係は常に意識しなくてはならない」と言っていたという記録もあります。

※近・現代（たとえばバルトーク）やフリー・ジャズ（オーネット・コールマン）などの音楽においては同時関係が必ずしも「機能和声」的ではないものも見られます。

● J.S. バッハでもパレストリーナでもない世界

　教会旋法は元々、大別すると「長・短調」にそれぞれ三種類（合計六種類）あったものが、代表的な「長旋法」と「短旋法」の二種類に集約して行った経緯があります。

　古典派の時代の作曲家にとっては、バロックもルネサンスも、バッハの息子達のギャラント様式すらも、「昔の音楽」でしかなかった訳ですから、そこから学ぶことはあれど、決して同じような響きにはするまいという「進歩史観」を前提に作曲に打ち込んでいたと想像できます。

　音楽も、科学技術の発展と切っても切れない縁があり、常に新しいものを追い求める姿勢が賞賛され、過去のものはどんなに素晴らしいものであっても「退嬰的」、「保守的」とされてしまう傾向が未だにあるのです。しかし、歴史が証明している通り、進歩が必ずしも人間にとって「有益」とも限りませんし、科学技術が発達した分だけ人間が習得する技能は限定的になってきているともいえます。本来、音楽は理論から効率よく作られるものではありませんし、新しい理論の創出が目的の全てではないのです。

　過去に戻ろうという懐古趣味ではなく、過去の良いものは常に学び続ける必要がありますし、確率や統計では見えない部分を手探りしてみることが本来の「自由な音楽」なのです。そこには感覚の鍛錬も要りますし、今まで教わってきたこととの食い違いに頭を悩ませることもあるとは思いますが、焦らず頑張っていきましょう。

Section 2

三声対位法
～様々な形式～

⇨ Section 2　三声対位法　〜様々な形式〜

① 1音符：1音符（2音符）：2音符

1　三声体の作り方

　本章では三声体になっても旋律的な動きを忘れないという意味で、少し「旋法（モード）」を色濃く出して書いていきます。もちろん、「機能和声の否定」ではなく、できる限りは調和させる努力を惜しみませんが、規則を覚えるというようなことはせず「新たな感覚」の刺激に臆することなく挑戦してみて欲しいのです。そこで、まずは実際に三声体の作り方を書いていきましょう。

　a. 与えられた定旋律から「楽曲の調性（Key）」を特定する。通常は冒頭と終結音がトニックを構成する。
　b. 和声進行は「縦軸と横軸の同時関係」で成り立っているため、それを一切考慮せずに配置していくと、「声部単体」では調性が明確であっても、同時関係が不明瞭になる可能性もある。

Ex-1　例題　三声体の作り方

下記の定旋律を元に上二声を作曲しましょう。

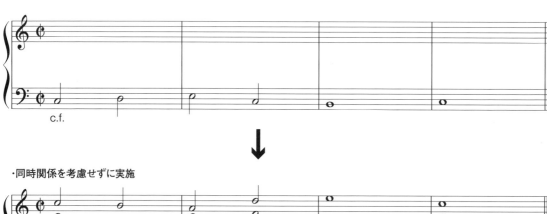

※各声部を単体で歌ってみるとおかしなところは見当たらないが、和声として聴いてみると調性や進行が不明瞭である。

⇨Section2 三声対位法 〜様々な形式〜

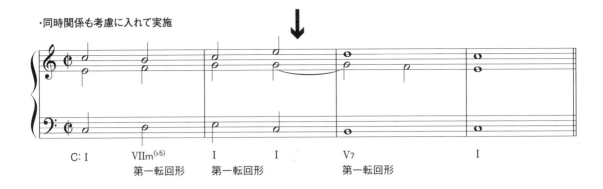

次の譜例は、最下声の定旋律（全音符）に対して、二つの対旋律（二分音符）を付けています。そのうち、さらに内声は基本的に一音符としながらも、必要に応じて「分割も可能」とし、「二分音符」も適宜使っています。

ひとまず、先入観を抜きにして弾いてみましょう。

Ex-2　C ミクソリディアンの作例

※1　非和声音としての分析も一応可能であることを示すために、コード・ネームや非和声音の識別も付けています。
※2　ミクソリディアンは、長旋法の第七音が♭したものです。

現代の商業音楽（ポップス、ロック、ジャズ）や映像音楽（映画、ドラマ、アニメ、ゲームなど）に慣れた耳からすると、そこまで驚くようなサウンドでは無い筈です。しかし、こういったものを対位法として扱っていた時代は、ルネサンスやバロック期には見られません。どちらかというと、だいぶ後のフランスの「印象・象徴主義（サティ、ドビュッシー・ラヴェル）」等の作品の響きに近いといえます。

特徴としては、次のようなものがあげられ、「古典和声の機能（T／D／S）」に囚われない響きになっていいます。

- 旋律の自由な跳躍
- 「平行和音」や「転回形」の多用による色彩豊かな「調性」
- 非和声音の常態化（和声音化）

三声対位法というフォーマットを使って、一体どのようにすれば現代の感覚に見合った「旋法的な対位法」が作れるのかを少しずつ探って行きましょう。

2 旋律と終止形の特徴

♦1. 使用する音程の見直し

　ルネサンスやバロック期の対位法音楽は、既に「長短3度・6度」が安定した軸となる音程として扱われており、概ね「強拍」に配置されていました。
※協和音／不完全協和音／不協和音などの定義はまちまちです。数学的な比率と、耳がどう感じるかは必ずしも一致しません。

　「完全8度・完全5度」は曲の冒頭や最後、曲中に使用するとしても控えめにすることが望ましいとされています。しかし、中世の声楽優位の時代は「完全4度・5度」が軸であり、寧ろ「長短3度・6度」の方が経過的に使われていたのです。何か法則を見付けて理論化することも悪くありませんが、余りに「規則」を求めるのは「創作的な態度」とは言えません。

　これから出てくる作例は皆「**機能和声では禁則**」とされますが、響きの美しさを検討する余地があると思います。実際に比較しながら特徴を掴んでいってください。

Ex-3　Dドリアン

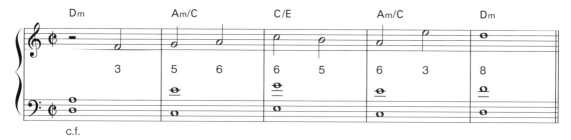

※中心部の数字は最上声と最低音の距離（音程）です。

各声部が「**単独でも旋律線になること**」を意識してください。

Ex-4　B♭ミクソリディアン1

　まず冒頭に関しては完全5度で始めており、ソプラノはアルトより遅れて「同音」を歌っています。その後についても、機能和声や旧来の対位法であれば許されない動きも多用しているのが分かると思います。これらは、タテ構造のみを見ると不協和かもしれませんが、「**一連の流れ**」として捉えられるようになると、却って旋法性が際立つのが分かると思います。

Ex-5 Dミクソリディアン

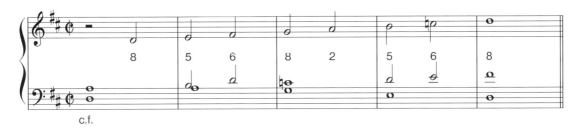

強拍には、ほぼ全てに「完全5度」を配置し、協和音程である「6度」を経過的に使用しています。どこか懐かしい響きと感じるようであれば、人間が持つ根源的な感性に訴えかける音であるということです。「完全音程は硬質であるため連続5度は避ける」という規則は、決して作曲にとって本質的な問題ではないことが分かります。

Ex-6 B♭ミクソリディアン2

「強拍の音程」に注目しましょう。「完全5度・8度」の間に「3度・6度」が挟まるようになっているのが分かると思います。細かく見てみると完全音程に向けては外声部を反行で動かしたり、直行をするにしても、片方は順次進行にしたりと、極力滑らかな連結を試みているところがポイントです。また、この例は4小節目に一旦、空虚5度和音による偽終止があります。このように、スパイスとして「3度抜きの和声」を含めるのもとても効果的です。

Ex-7 例題

次の定旋律（ソプラノ）に、対旋律を付けてみましょう（ここでは中声、下声共に付点八分音符も使用可）。

薄っすらとコード進行が浮かぶ方は、最初に和音設定をしてしまうのも一つの手ですが、できる限り「メロディ」を書くことを念頭に置きましょう。バスに関しても、「ミクソリディアン」らしいフレーズを作って合わせたり、「オクターヴや完全5度」を積極的に使ってみてください。

Ex-8 【Ex-7】実施例 1　旋法的

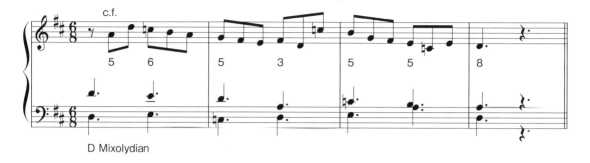

ちなみに、これを「機能和声風」に実施してみることもできます（器楽的とも言えるかもしれません）。

Ex-9 【Ex-7】実施例 2　機能和声的

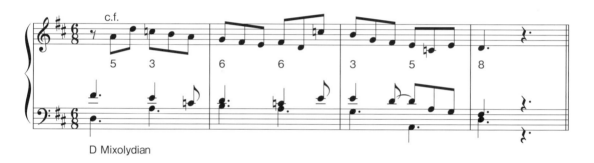

♦2. 旋法の種類

　旋法（モード）に関しての詳しい内容は、既刊の「実践！作曲・アレンジに活かすためのモード作曲法（自由現代社）」に譲るとして、ここでは旋法の概要を述べることにします。音階の成り立ちについて語る際に避けては通れないのが、「ピタゴラスの 5 度」です。これは理論的に作られたものではなく、実際に音響現象として「オクターヴ」の次に強い音程として現れます。
　仮に C（ド）を基準（中心音）として「**完全 5 度**」で堆積をしていくと以下のようになります。

Ex-10 「完全 5 度堆積」から導かれる音

　まず、音楽の基礎は「ペンタトニック」ということがとても重要です。これは西洋音楽に限らず、アジアやアフリカ大陸において伝承されている曲を見ても多少のマイナーチェンジや微分音レベルの差はあれど、不思議なくらい一致しているのです。
　その大きな理由としては「**半音階を含まない**」ことや、「ド・ミ・ソ（長三和音）」、「ラ・ド・ミ（短三和音）」の構造が作れることがあげられると思います。

さて、次はいよいよ音階の発展に話を進めましょう。まず、このペンタトニックにはまだ2つの空席があります。音階度数で言うところの「**IV番目**」と「**VII番目**」がそれに当たります。音階を作るにあたっての最低条件は、「半音の連続は避けること」があげられます。勿論、各地の民族旋法などを見ると音階の一部にそういった「半音の連続」が見られるものもあるのですが、それはある種の「音階のアレンジ」と言えるようなものであり、ここでは、西洋音楽の基礎となる「教会旋法」の成り立ちに話を絞ります。

このペンタトニックに足す余地のあるIV番目とVII番目の音の組合せが「**旋法の特徴**」を形作っているのです。まず、「長旋法の系統」を見てみると下記のようになります。

- P＋a＝リディアン（メジャー・スケールのIV音が「♯」されたもの）
- P＋b＝ミクソリディアン（メジャー・スケールのVII音が「♭」されたもの）

※メジャー・スケールと形の変わらないIonianは、「aとb」から片方ずつ特徴を取っているということです。

Ex-11　長旋法系のモード

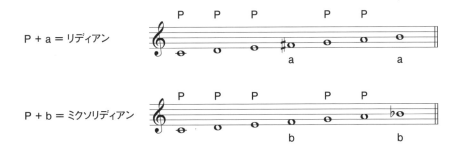

そして、メジャーに平行調があるように、トニックを「**短3度**」下げてラ（A）の音にしてみると、マイナー系統の旋法であるドリアンとフリジアンができあがります。

Ex-12　短旋法系のモード

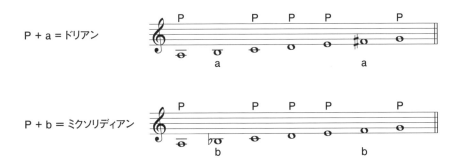

つまり、この「二つの関係も平行調」ということです。図式にすると、このようになります。

- ○メジャー　　　　　→　　○マイナー（例：Cメジャー→Aマイナー）
- ○リディアン　　　　→　　○ドリアン（例：Cリディアン→Aドリアン）
- ○ミクソリディアン　→　　○フリジアン（例：Cミクソリディアン→Aフリジアン）

短3度の上げ下げは考えなくても、瞬時に思い浮かべられるまで練習をしてください。

⇨Section 2　三声対位法　〜様々な形式〜

② 1 音符：2 音符：4 音符

❶ どういった意識で学べばよいのか

　内容もだいぶ難しくなってきたとは思いますが、皆さん着いて来られていますか？　もし分からないところがあっても落ち込む必要はありません。元が西洋の発想から生まれた手法ですし、「概念」を理解するのには時間が掛かるものです。私も同じ理論書を最低 5 回は読み通して、さらに数年後に意味が分かった等という経験もあります。

　これまでに学んできた土壌、背景はそれぞれ異なるはずですが、現在の日本の音楽教育の「標準」が定められたのは戦後ですし、当時の主に古典派時代のドイツ、オーストリアのクラシック音楽が下敷きになっています。そろそろ、「制度疲労」を起こしていてもおかしくありません。

　本書では形式上は「古典派」の音楽に対して違う見解を述べていますが、あくまでもそれは「古典派の音楽」を学んだ上でできることなのです。そして、どちらが良くてどちらが悪いというような捉え方ではなく、「距離感や遠近」で物事を捉えてみることがとても重要です。なぜならば、「音楽」というものは様々な価値観や時代様式を全て包含してしまう懐の深さを持っているからです。

　近現代の作曲家も古典派やロマン派だけを学んで、それを超えようとしていただけではなく、必ず「**音楽の起源**」についても考えて居たはずですし、実際にフランス印象・象徴主義にしろ、新ウィーン学派（※1）もバロック時代やルネサンス期に目を向けて「新たな発想」を手に入れています。

♦1. 作例から学ぶ

　さて本題に入りましょう。ここでは、「1 音符（全音符）：2 音符（二分音符）：4 音符（四分音符）」の組み合わせにおける対位法を学んでいきます。だいぶ、実際の作曲に近づいてきたのが実感できることでしょう。本書では古典的な「禁則」をあまり重視せず、寧ろそれらを回避しているのですが、大切なのは「合っているかどうか」ではなく、「**納得のできるものを作れるかどうか**」なのを忘れないでください。

　それでは早速作例を見てみましょう。

※1　シェーンベルク、ベルク、ヴェーベルン等の現代音楽の古典とでもいうべき作曲家のこと。

⇨Section2 三声対位法 〜様々な形式〜

Ex-1　Fドリアン

　開始小節は「**全音符**」と「**二分休符**」、「**四分休符**」から始まります。これは各声部の「**導入（入り）を明瞭にするため**」です。一般的な対位法の実施との違いは、完全5度や空虚5度、それに平行や直行に関する禁則の大幅な緩和です。いや寧ろ、「緩和」というよりは敢えてそれらの響きを積極的に使っていこうという意識です。

　ルネサンス期よりも前の音楽も自分なりに研究してみて、やはり文明の発達や技術の革新、理性の確立はとても重要であると思うと共に、その陰で失われて来ている「人間の本性や本能」、「根源的な生命の力」の存在も大きく感じました。

・音程の感じ方

　音の同時関係（和音）の3度というのは「明るい、暗い」という性格を表すと教えられることが多いと思いますが、本来「どのように聴こえるか」は各人に委ねられるべきものです。恐らく、時代や民族、性別によっても異なる可能性があるのです。それを「技法」という小さな枠組みの中に縛り付けてしまうのは、音楽を偏った見地から眺める危険性も孕んでいます。

　対して、完全8度、完全5度・4度はそれ以前の無意識に訴えかけてくる「力強さ」があります。

　世界に誇る日本の作曲家、武満 徹（たけみつ とおる）（1930〜1995）氏は、生前に完全5度について「コズミック・モジュール（Cosmic Module）」という表現をしていました。意訳をすると「宇宙的＝根源的な、音の基本単位／基準寸法」ということでしょうか。実際、宇宙に音は無い筈なので、とてもロマンティックで哲学的な表現だと思いますが、自然倍音の現象にも現れるものですし科学的根拠などを持ち出さなくても、その響きはある種の畏れ（おそれ）（恐怖ともまた異なる、偉大なものへの尊敬のようなもの）」を感じさせます。

　完全5度の枠組みの中に「長・短3度」という明確なグラデーションが形成されていき、さらにその中を「長・短二度」という人間の「ウタ／旋律（メロディ）」が響くという大きなイメージで音楽を捉えられると、聴き方も変わってくるのではないでしょうか。

　次も同じくドリアンの作例です。中世・ルネサンス期における旋法の出現頻度を直感的に述べると「ドリアン」は相当に多い気がしますし、今でも世界中の歌、映画やドラマ、ゲームの音楽に無くてはならない存在となっています。単純に明るい・暗いというよりかは、「**懐かしさ**」を感じさせるところが不思議ですね。

Ex-2 C♯ ドリアン

この作例も旧来の対位法理論であれば「ツッコミどころ」が満載です。

・2〜3小節目

2〜3拍目におこる直行5度。特に3小節目の方は跳躍を伴っているので「**禁則のお手本**」のようなものかもしれません。しかし、これも「美しい」と感じられるのであれば書いても良いのです。

・4〜5小節目

内声の動きが順次進行で上がり、尚且つさらに跳躍というのも「古典のお作法」からは外れてしまいます。禁則は数え上げたらキリがありませんし、学校教育はそれにより書法の統一を図ることが目的の一つですから、誰が書いても同じようなものになるのは当然なのです。

本来の音楽はそうではなく、自分の感性を測る基準として禁則をモノサシに、時にはツールとして使ってしまおうという気概も必要かもしれません。あくまでも滅茶苦茶ではなく「**知った上で崩していく**」、忘れてもどこかに染み込んでいるくらいが一番良いのでしょう。

♦2. 一部移旋（Modal Interchange）について

実作品に数多く触れていくと、調性が初めから終わりまで一度も変化せずに済む曲ばかりではないことに気付く筈です。

完全に調性感が変わってしまうものもあれば、ほんの一音だけとか微細な変化だけで済むものもあります。和声学やコード理論において、転調という項目はしっかりと書かれていることが多いのですが、「**旋法の変化**」に触れているものは少ないというのが現実です。

Ex-3 移旋している例

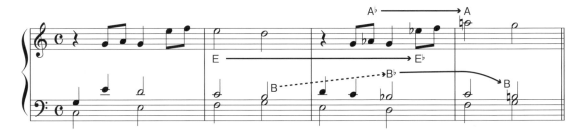

【Ex-3】のように少しずつ変化するフレーズは、「**特定の時点**」だけを見て「メジャーからマイナー」に、「ドリアンからフリジアンに」等と特定することは難しいです。そういった場合にはまず、「**トニックの音**」を単音で見分ける必要があります。

【Ex-3】においては最初の二小節は「C メジャー」と判断できますが、三小節目の 2 拍目から怒涛のように変化が起きています。

トニックはそのまま C だとすると「A → A♭」、「B → B♭」、「E → E♭」と変化しているので、3 拍目までは完全にマイナーに行ったとは言い切れません。それは、「**III 度音**」の変化が無いと、一時的な変化（装飾）や長旋法の中のミクソリディアンの可能性も捨てきれないからです。

4 拍目でやっと「E♭」が出てきたので、C エオリアンと特定できたと思った次の瞬間、四小節目で「A♭ → A」という変化が起きて「あれ C ドリアンか？」と迷ってしまうことでしょう。

ここまで極端な例は少ないにせよ、まるで車線変更のように移っていくケースは有り得るのです。曲を聴くときも作るときも、一つの旋法に特定や限定するのではなく、いつでも「**自由に変化するものである**」という感覚を掴むことが肝要です。もう少し、「移旋」の例を見てみましょう。

Ex-4　B ナチュラルマイナー（エオリアン）

4 小節目にまず自然短音階の G（ソ）= VI 度が半音上がってドリアンになりますが、次の小節のトップ・ノートですぐに G ナチュラルに戻っています。極めつけが、最後の三小節で調性的には「III△」へ動いています。これは、「Key in Cm」に置き換えた場合に「E△」ということであり、映画音楽の巨匠ジョン・ウィリアムズが SF 映画で使っていそうなコード・チェンジです。こういった場合は機能分析や旋法性すらも関係がなく、単に「**半音進行**」や「**音程操作**」を楽しんでいると捉えたほうが良いでしょう。

しかし、こういった場合でも対位法的に処理する限りは、「**滑らかな連結**」を試みなくてはなりません。また、細かい注意ですが、各小節の頭拍が 3 度や 6 度の協和音（不完全協和音ともいう）にしておけば無難な響きにはなりますが、これも「**3 回程度**」に抑えておくほうが、旋律線が際立ちます。間にいくつか音符が入ったとしても、人間の耳はやはり強拍でビートを捉えようとするからです。

2 バロック期以前の作例

ここで、少し息抜きに中世時代のヨーロッパの巨匠の作品を見てみましょう。当然のことながら、まだ和声法という体系はなく、対位法にしても「各個人の流儀」が色濃くでていてとても興味深いものです。

イタリアの 14 世紀後半の巨匠フランチェスコ・ランディーニ（Francesco Landini ／ 1325 頃 -1397）の「Si dolce non sono」の一節をご覧ください。現存するものは「世俗曲」が多く、その全貌は未だに不明なところも多いのですが、数々の文献から分かったことは、彼は国家レベルで尊敬されていた作曲家だったという点です。

Ex-5 Si dolce non sono ／作曲：F. ランディーニ（3 声合唱）

※コード・ネームは便宜上のものであり、音楽の全てを表してはいません。

タテ（垂直）に見た場合、本当に見事なほど「完全 5 度・8 度」に軸が置かれていることが見て取れます。また、世俗曲ということで非常に軽快に歌われていたであろうことも想像が付きますね。機能和声に慣れた耳には「終止感が乏しく平面的な音楽」に聴こえてしまうかもしれませんが、このリズムの多様性（粗と密の配合）、旋律主導の自由奔放さ、声部の交叉などは却って新鮮ですらあります。そして、対位法として見たときにもやはり均整が取れているのに驚きます。

この後のルネサンス、バロック期とは「重心」が異なっているというだけで、この音楽の完成度はとても高いといえます。杓子定規に「禁則」を作ることは実は危険でもあるのです。

Section2 三声対位法 〜様々な形式〜

　次も、ほぼ同時期に活躍したとされている、ヤコポ・ダ・ボローニャ（Jacopo d a Bologna／1320〜1370頃）の作品を見てみましょう。当時のイタリアの名前は出生地を後ろに付ける例も多く、パレストリーナ（P.4）等も同様です。言ってみれば「ボローニャ生まれのヤコポさん」というところでしょうか。

　彼も宮廷のお抱えになるほどの優秀な作曲家で、詳細は殆ど記録が無いのですが、活動期間や資料から当時の名匠の一人だったことが窺われます。

　先ほどのランディーニは「世俗曲」でしたから、単純比較はできませんが、やはり宮廷向けの作品になると、だいぶ3度のハーモニーが強くなっているように感じます。これは、日本の「わらべうた」のハーモニーがシンプルなのと同じことでしょう。

Ex-6　『Sotto l'imperio del possente prince』より／作曲：J. ボローニャ

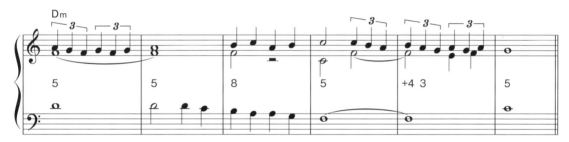

　共通点は、やはり**「強拍に完全音程が置かれる比率が高い」**ということです。また、旋法の中心も途中で変化しています。Dのエオリア、またはドリアンからCアイオニアンへ移っているように感じます。

　それ以外の部分は、この時代以降の音楽と変わらないともいえますが、完全音程に入る時に**「反行」**で入っているのを見逃さないでください。

　後世の記録者の編集や解釈が入っている可能性も高いので、一概に断定はできませんが、この辺りの美意識は当時から備わっていたのでしょうか。

3 掛け合いを取り入れてみよう

　この頃の作品は、後の「カノンやフーガ」という様式はまだ主流にはなく、どちらかというと自由に掛け合いをしている印象を受けます。特にリズムの面において、非常に先鋭的な感覚を持っていたことが分かって驚きを隠せません。是非、形式ばったカノンではなく、こういった**自由な掛け合い**も技法として磨いてみては如何でしょうか。作例を示しますので、皆さんも挑戦してみてください。

　基本は、「1音符：2音符：4音符」ですが、パートの役割を随時入れ替えてしまえば、それは立派な掛け合いになります。また、上記の関係性が崩れない程度の「装飾音」は用いても構いません。

Ex-7　パートの入れ替えと掛け合い

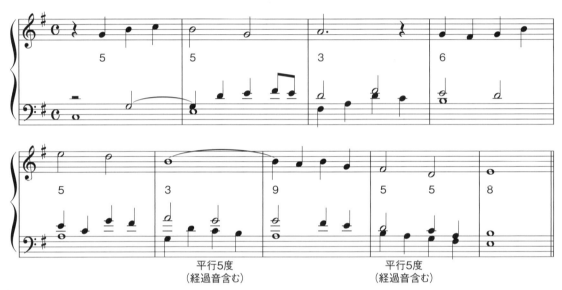

【解説】

① 実習では通常、その曲のトニック（I度）で始めるのですが、この楽曲はそうはなっていません。和声的に発想するのではなく、あくまで「全音符：二分音符：四分音符」にしようという意識のみです。結果的に見ると「Em」が一番帰りやすかったのも旋律の欲求によるものです。

② 四分音符のパートが最も歌うので、これを「**上 ➡ 中 ➡ 下声**」という順番で交代させていきました。旋律は順次進行を主体としながら、3度や完全音程による跳躍を混ぜて行きます。コード・トーンを埋めるのではなく、最初にメロディを浮かべてから何度でも当てはめて響きを確かめます。下声はどうしてもバスと捉えがちですが、この部分も器楽ではなく、**「声楽パートだと思って書く」**と変わってきます。

③ 各強拍の上下声の音程はなるべく完全5度を取るようにしていくと、古典和声的ではない響きが理解できるようになってきます。「空虚5度、第二転回形」も恐れずに使って構いません。

④ 平行5度については耳障りになるものは敢えてやらない方が良いでしょう。コツは、片方の音が「**刺繍・経過的**」に動いていることです。この作例でも何度か途中に「孤立4度（※1）」などが出てきますが、反行で入る限りそこまで不自然な動きにはならないと言えます。

※1　2声部のみの同時発音によってできる完全4度のこと。

⇨ **Section2　三声対位法　～様々な形式～**

⑤ 各パートごとに歌ってみて、不自然な動きがないか確認してみましょう。今回は最後をどのように終わらせるかに少し時間が掛かりました。1～3小節まではG（ソ）、4～6小節目もG（ソ）を志向していながら、それぞれはぐらかしてお隣の「A（ラ）」、「B（シ）」に着地をして曲が続くようにしているのです。旋律線の動きに従っていたら最後は「E（ミ）」が最もしっくり来たというのが本当のところです。

入れ替えをしながらやっていくのは、二声のときに行ったカノンのやり方が参考になる筈です。前の旋律のリズム感や、音程を意識してトレースしていくと良いでしょう。残りの音符は出来る限り「協和」させるように、しかし、良いフレーズが浮かんだら、和声的な欲求よりもそちらを優先しましょう。ところどころに移勢や装飾を入れるとアクセントになるので、積極的に活用してみてください。

Practice 7

次の、冒頭部分を参考に「入れ替え」を行いながら、曲を完成させてみましょう。

〈a〉　3小節目～（上声が二分音符－四分音符…、中声が四分音符－二分音符…）
〈b〉　3小節目～（上声が二分音符－四分音符…、下声が四分音符－二分音符…）

解答例は P.136 ⇨

⇨Section 2　三声対位法　〜様々な形式〜

③ 対位法で作曲をする

1 インヴェンションとシンフォニアについて

　クラシック・ピアノを習ったことがある方が、一度は耳にしたことがあると思われる「**インヴェンション**」と「**シンフォニア**（どちらも J.S バッハ作曲）」。右手と左手が同じくらいの割合で活躍するので、難しいというイメージを持っていらっしゃるかもしれません。曲名の起源はイタリアの作曲家フランチェスコ・アントニオ・ポンポルティ（1672-1749）が作曲した「10 のインヴェンツィオーネ」と言われており、これに触発されたバッハが、主に息子や弟子達の「作曲・演奏」のための練習課題として作曲されました。

　創意・工夫、探究・発明という意味を持つ「インヴェンション」は、現在では主に二声の鍵盤作品に、三声のものは「シンフォニア」と呼び名を分けて出版されていますが、実のところインヴェンション、シンフォニアという決まった形式がある訳ではなく、大まかに言えば「カノンやフーガ」等も包含した「対位法（特に模倣・変奏）の技術」を活かした作品というくらいの意味合いです。

　ここでは、これまでの学んで来た内容を応用しながら実際に「**曲を作ること**」に挑戦してみましょう。バッハやその他のバロック期の大家の作品（二〜三声のもの）も紹介していきますので、それらも参考にしながら積極的に取り組んでみてください。

2 対位法の課題を作曲に繋げる

　これまでの課題では定旋律があり、それを土台にして「決められた音符」のみを使用していました。制限が合って不自由な反面、フォーマットがあるためにやりやすかった部分もあったことでしょう。しかし、実際の作曲は全てを自分で作らなくてはなりません。自由である反面、「何をしたらいいのか分からない」という気持ちも沸き起こってくることでしょう。

　もちろん、すぐに曲想が浮かぶ場合は迷うことなく楽想を走らせて欲しいものですが、そこに対位法の要素を絡めて行くと、より立体的な楽曲が作れるようになります。また、発想が浮かばない場合も「**型を知ること**」により、それを元に作曲をしていくうちに発展していくことも多々あります。

　特別な楽曲を作ろうと気負わず、短いものから少しずつ書いていきましょう。

⇨ Section2　三声対位法　〜様々な形式〜

◆ リズムと旋法について

　実習の中では全音符・二分音符・四分音符（とそれに対応した休符）が主体でしたが、実際の楽曲では特に制限はありません。八分音符も十六分音符や付点のある音符も自由に使えます。かといって、いきなり「何でも構いません」というのも困るでしょうから、少しずつ細かい音符の使い方を覚えていきましょう。

　また、バロック期の作品は既に大半が調性は「**長調か短調**」に限られています（古典派程に厳密ではないにしろ）。教会旋法はバロック期にはもう古びたものとされていたので、これに関してはお手本となるようなものが、とても少ないのであくまで「バロックの雰囲気」を活かしながら、禁則や形式に囚われ過ぎず書いてみるように心掛けてください。

Ex-1　課題からの応用（〈1〉を原型として考える）

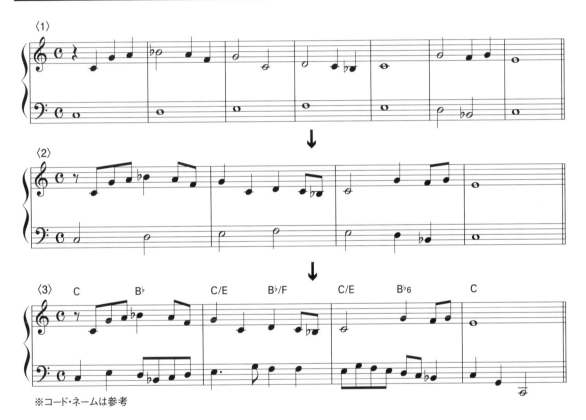

※コード・ネームは参考

　非常にシンプルな作例ですが、課題から「**作曲に広げていく過程**」が少し見えてきたのではないでしょうか。順を追って説明していきましょう。

　〈1〉…二声対位法で学んだ「**1音符：自由旋律**」のほぼそのままです（調性はCミクソリディアン風）。
　〈2〉…内容は変更せず、「**音価（音符の長さ）**」を半分にします。
　〈3〉…〈2〉を元にして、左手に脚色を加えましょう。

　繰り返しになりますが、対位法は「**線的な動きが優先**」であり、旋律を色々とぶつけてみて欲しいので、原則的には「コード・ネーム」は振りません。しかし、参考にするのは構いませんし、慣れている方は実際に作曲をするときに、始めは響きの大よその見当を付けておくことは悪いことではありません。

♦ その他、留意事項

- 平行8度・5度、直行5度・8度などの禁則が参考になることに変わりありません。特に機能和声的な進行の部分は例え弱拍であっても、意識して音を動かしてください（但し、本書は機能和声的な動きを避けるために、敢えて禁則に触れることもあります）。
- これまでの模倣の技術、移旋もどんどん取り入れてみましょう。
- 大バッハですら、先輩の作品や「流行の舞曲」、「世俗曲」、「聖歌の歌詞」などからインスパイアされて書いていました。時には素材の一部を拝借して「習作」を作るのは、寧ろ推奨されるべきです。

次は、バッハも尊敬していたドイツの巨匠・テレマン（独・Georg Philipp Telemann/1681～1767）の作品です。クラシックの作曲家全体で見ても作品数が膨大な作曲家で、バッハよりも親しみやすく大衆的な作風であったため、現在のアカデミックな評価はバッハよりも低い傾向がありますが、当時はダントツの人気作家でした。シンプルでキャッチーな楽曲を作る才に長けていて、腕の優れた作曲家です。

Ex-2 『36 Fantaisies pour le clavessin, TWV 33:1-36』第7番より／作曲：テレマン

模倣（P.40）のところで紹介したカノンに似ていますが、音程を変えて追いかけています。また、模倣は延々とは続けず、割合に自由に進行していくところなど、プログレッシヴな魅力に溢れています。

例えば、「**これを三声にしてみたらどうなるだろう？**」と発想を広げてみることが大切です。バロック期の作品は、その殆どにコード付けができますし、単なる和音の補填でもボリュームアップはするのですが、やはりその中で「対位法的なアプローチ」ができないか、もう一つ旋律が足せないかという気構えで取り組んでみてください。

次の譜例はほんの一例に過ぎませんが、私なりに音楽を解釈した上で「**中声部**」を足してみました。

⇨ Section2 三声対位法 〜様々な形式〜

Ex-3 【Ex-2】に中声部を足した例

※3小節の4拍目に短9度の不協和音ができていますが、「経過的」であれば使用可能です。これは声部の独立性を優先した上の処置であり、J.S.バッハの作品にも、よく見られます。

♦ 対旋律を付けるヒント

- 入りのタイミングを他の二声部とずらしてみる。
- リズムを補完するようなフレーズを考える（主旋律が細かければ大きなフレーズ、二分音符などであれば細かいフレーズ）。
- 和声として聴いたときにも違和感がないかどうかを確認する。

　上記に掲げたようなことに気を付けながら、試行錯誤を繰り返してみることが一番の訓練になります。

♦ 機能和声的なフレーズと旋法的なフレーズの違い

　旋法的なフレーズに関しては、寧ろ C. ドビュッシーや E. サティ、M. ラヴェルなどフランスの作曲家、ロシア（旧ソ連）の S. プロコフィエフ、A. ハチャトゥリアン（「ガイーヌ組曲」、「スパルタカス組曲」などは絶品です）、スクリャービンなどから学んだ方が早いかもしれません。

　少し民族色を入れても面白いので、ハンガリーの B. バルトーク、ポーランドの F. ショパン、C. シマノフスキ（数少ないリディア旋法の例が豊富）、スペインの I. アルベニス、E. グラナドス、E. ファリャ、H. トゥリーナ、F. モンポウも美しいメロディを持つ作品を残しています。

　その他には、映像音楽（映画・ドラマ・アニメ・ゲーム）やポップス（邦楽、洋楽）にも数え切れない程の用例がありますし、ジャズも一時期は「モード・ジャズ」が盛んな時代があって M. デイヴィスや B. エヴァンス、J. コルトレーン、W. ショーター、H. ハンコック、C. コリア、P. メセニーなどは、特にオリジナル曲でもモードの名作を残しました。

　モード（旋法）は多分に感覚的なものであり、それに関しては深く追求しだすと古典和声や対位法という技術の習得とは異なる苦労があります。実践的に作曲に活かす、短期間でコツを掴むことに主眼を置く場合は「**特徴を捉えるだけ**」でも充分といえるでしょう。

　ここでは、一例としてドビュッシーの初期の名作「夢」を参考に考察してみましょう。

Ex-4 夢／作曲：C. ドビュッシー

和音に対して外れた音、少しずらした高次の音である第五音（5th）、第七音（7th、M7th）や、和声理論においては、非和声音、テンションと呼ばれる「**9th、♯11th、13th（6th）**」を積極的に使用し、「**和音の中心から離れた位置**」で旋律を組み立てています。

これは理屈だけではなく、多分に直感的な**メロディ（うた）**のセンス（生まれた地域の音楽環境、民族性、これまでに聴いてきた音楽の種類も含め）に左右される部分が大きいのですが、意識的になればある程度までは訓練も可能だと思います。次に、機能和声的な旋律を確認してみましょう。

Ex-5 「夢」を機能和声的な旋律に変更

和音が容易に想像できるように、「**根音（Root）**」や「**第三音（3rd）**」を中心に聴かせるように旋律を組み立てています。

次の譜例の一小節目で、和音を付けずに歌う、もしくは楽器で演奏をしてみましょう。そして、次の小節に何の音が来るか、「メジャー」や「マイナー」の響きを予測できるか試してみてください。

Ex-6 旋律の指向性を感じとる

⇨**Section2　三声対位法　〜様々な形式〜**

【解説】

〈a〉〜〈c〉……… 主音や第五音という調性の核となる音や、旋律的に終止感を演出する二度（導音や二度上）関係の音が効果的に使われています（候補は絶対的なものではありませんが…）。

〈d〉………… 終止音を１つに特定するのが難しい中庸的、曖昧な旋律。

　普段の生活で私達が聴く音楽は「和音／和声（Chord/Harmony）」が付いていることが多いので、あまり意識をしたことがないかもしれませんが、例えば無伴奏ソロ（管弦楽器の）やアカペラ（声楽）、日本であれば謡曲、わらべうた、尺八などのソロは、単旋律で音楽の起伏や終止を表す必要があります。

　コードの響きと比較すると決定的ではありませんし、解釈の多様性は完全には否定し得ませんが、「**特徴的な動き**」によって終止音を予測させることはできます。【**Ex-6**】はそのほんの一例です。

　「機能和声」に慣れた耳で聴くのと、そうではない場合とでは異なる結果が出るかもしれませんが、何となく共通理解ができる部分は感じられるのではないでしょうか。根拠の一つとしては、「陽音階（ドレミソラ）」、「民謡音階（ラドレミソ）」などのペンタトニックの強さは、数百年も前から変わらずに存在している点です。まずは、「長・短調」の聴き分けを練習し、その後に各種旋法を楽器を使わずとも感じられるまで鍛えていくと旋律に対するセンサーが鋭くなると思います。

③ 曲の形式（スタイル）について

　「インヴェンション（二声）」や「シンフォニア（三声）」のような対位法的な楽曲を書くにあたって、何か特定の形式や流れがあるのでは？　という疑問を感じる方は多いと思いますが、実際に作品群（主にJ.S. バッハの）では調性の動きも、模倣の仕方にも特段の決まりは無いことが分かってきます（様式的な統一については後述）。そして、一般的に見られるアカデミック（学術的な）理論書には、次のような概要と緻な分析が書かれているものも多いのです。

①　主調（I）でテーマ（核となる旋律）を始めてから属調（V）で模倣し、再度主調に戻る。

②　主題やその断片を「反行」や「拡大」させたフレーズを使って、経過的なパッセージ（走句）を辿り、今度は平行調（VIm）でテーマを奏でる。

③さらにその平行調の「属調（つまり５度上の「IIIm」）」において…

　しかし、これを読んで作曲ができるかというと、逆に作曲するのに気後れがするのではないかと思います。理論分析は「完成されたもの」に対して、「**後からあらゆる解釈が可能**」であり、創作の秘密を探る手掛かりやきっかけになるとはいえ、本質的な問題である「どうやってそれを思いついたか」、「そこから何を作るのか」までは分かりません。実際の楽曲は旋律構造の操作や調性（コード進行）の配分を完璧に構想してから作るようなものではなく、旋律や和音の響きのイメージをまず思い浮かべてから進めていく方が「自然なもの」が出てくるのです（旋律や調性を完璧に構想して作曲する方法・姿勢自体は否定しませんが）。

　但し、何も土壌のないところから「直感的なインスピレーションで書きましょう」というのも酷な話ですから、ある程度は「音楽の流れや概要」を掴む分析力を養うために本書でも大まかな解説は提示します。何よりも実作品をたくさん聴き、演奏してみてそれを「**少しでも真似てみること**」が、原始的かもしれませんが一番の学びになることを忘れないでください。

75

⇨ Section 2　三声対位法　〜様々な形式〜

④ 楽曲が作られた歴史的な背景からスタイルを探る

　J.S. バッハやそれ以前の作家の書いた作品の多くは、教会用の典礼音楽や宮廷で奏でられていた舞曲が元になっています。それをどうアレンジするかは、変奏曲（ヴァリエーション）に近いものだったと思われます。また、中世・ルネッサンス期の作品の多くは声楽的で旋律の動きもゆったりでしたが、時代が進むに連れ楽器性能の向上に伴い、「器楽」が格段の飛躍を遂げました。具体的には、旋律の構造、音域、リズムも「**複雑で幅の広いもの**」になっていくのです。その反面、旋法性が持っていた美しさや調性の繊細な移ろいは少しずつ失われたともいえます。

　先ほど、「決まった形式や模倣などはない」と書きましたが、やはりバッハも伝統や先輩達の技術、そして当時の流行から多くの影響を受けたことでしょう。例えば当時の作品によく出てくる「舞曲のセット」としては、次のようなものがあげられます。

❶ アルマンド（Allemande）

　バッハと並び称されるバロック時代の巨匠である、G.F. ヘンデル（独 /Georg Friedrich Händel/1685 〜 1759）の作品からの抜粋です。バッハと比較すると非常に明快な作風と云えます。

※アルマンド（Allemande）……………ドイツが起源の舞曲。17世紀頃からはテンポの速い四拍子に。

Ex-1 『Allemande in A minor, HWV 478』第14番より／作曲：G.F ヘンデル

※この譜例の表記は二拍子になっています。

　対旋律の付け方も非常に分かりやすく、3度や6度でのハーモニーや、リズムの模倣・掛け合いが中心なので「スピード感」に溢れています。

⇨ Section2　三声対位法　〜様々な形式〜

2　クーラント（Courante）

　バロック期のイギリスを代表する夭折(ようせつ)の天才、ヘンリー・パーセル（Henry Purcell1659 〜 1695）の「小品集」からの抜粋です。イギリスは吹奏楽が盛んですが、パーセル以後、暫くいわゆる管弦楽ジャンルでの大家が不作で19世紀にE. エルガーや、「惑星」で有名なホルスト、レイフ・ヴォーン・ウィリアムズ、B. ブリテンなどが出てくるまでは、パーセル一人しか居なかったと言われているくらいです。

　※クーラント（Courante）………… ルネサンス後期〜バロック期の三拍子の舞曲。

Ex-2　『Suite in G major, Z.662』より／作曲：H. パーセル

　クーラントは三拍子で優雅な曲想のものが多いです。

3　サラバンド（Sarabande）

　バッハやヘンデルより一世代前の巨匠イタリアのアルカンジェロ・コレッリ（Arcangelo Corelli/1653 〜 1713）の作品から紹介します。サラバンドに異国情緒が漂うのは、元々スペインの植民地であった中米（パナマ）で流行り、逆輸入されたからという説があります。確かに他の三タイプの西洋的な軽快さと比較して、重厚なところに個性を感じます。

　※サラバンド（Sarabande）……… 三拍子の荘重な舞曲。

Ex-3 『Violin Sonata in E minor, Op.5 No.8』より／作曲：A. コレッリ

4 ジーグ（Gigue）

最後はバッハの「フランス組曲第4番」の「ジーグ」より抜粋しました。
同じリズムや音型パターンを繰り返しながら、グルーヴを作り出していく独特の雰囲気は、重々しい「サラバンド」との良い対比になるためエンディングとして使われることも多かったようです。

※ジーグ（Gigue）　……………… 急速な6/8拍子。英国やアイルランドの発祥。

Ex-4 『Französische Suiten BWV 815』より／作曲：J.S. バッハ

⇨Section 2　三声対位法　〜様々な形式〜

⑤インヴェンション、シンフォニアの構想

① 楽曲の大まかな流れを掴む

　さて、これまでに見てきた内容も加味しながら、実際に作曲に挑戦してみましょう。二声・三声楽曲とはいえ「対位法的に作る」となると、慣れない現代の私達にはなかなかの難事業です。

　「メロディとコード」という発想もガイダンスとしては有効なので、いきなり「旋律対旋律」と無理をせずに少しずつ作っていきましょう。

　本書の後半で「フーガ（P.103 参照）」についてもお話していますが、インヴェンションやシンフォニアの中にも実は「フーガ」や「カノン」の形式を持ったものが含まれており、ここで概要をしっておくことは後々にも役立ちます。

♦ 作曲の流れ

①先述の「舞曲の出だし」等も参考にしながら、まずテーマを作ります。「分散和音的」なものか、「旋律的」なものなど、大まかなスタイルだけ決めてしまうとやりやすいかもしれません。

②上声から始めるか、下声から始めるかも一緒に決めてしまいましょう。三声の場合は、中声もあります。

③主題とは別の声部で模倣します。原則として「8 度の模倣」が一番やりやすいですが、フーガのように「5 度上か 4 度下（属調にあたる）」で模倣してみましょう。

④対旋律は、一曲を通して固定しても構いませんが、最初は自由に書いてみることをお薦めします。

⑤再度、「主調（I）」で主題を繰り返し、一旦カデンツで終止をさせるか、または反復進行（P.50 参照）にそのまま流れ込んでも構いません。そのあとの流れとしては、一般的には「平行調」とその「5 度上（4 度下）」での模倣です。

⑥さらに展開（ここも反復進行を活用しても可）して、最終的には下属調（IV）（場合によってはその平行調の IIm も付け足すことも有る）に進み、その 5 度上がちょうど「主調」に戻れるので、再度、主調でテーマを流して終結に持っていきます。エンディングのみは全く別に作っても構いません。調性の動きを簡単に図にまとめるとこうなります（P.80）。

図1 調性の「ステーション」の推移（調性はトニックのこと）

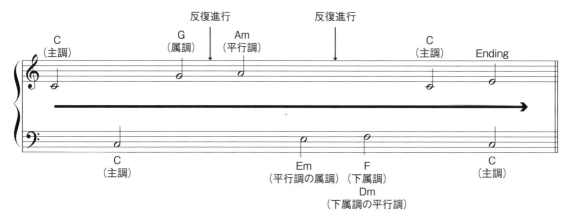

　これは先述した通り、あくまでも学習用であり、実際の作曲では例外（省略や追加、全く異なる調への寄り道）も多々あります。何度も挑戦していくうちに感覚を掴んでいくことが大切で、最初のうちはぎこちない楽曲になる可能性が高いのですが、めげずに続けてみることです。

　※自分で主題を思い付いた方は、その主題で挑戦してみましょう。調性もCメジャー以外でも構いません。

Ex-1 例題

⇨ **Section2　三声対位法　〜様々な形式〜**

Ex-2　作例「インヴェンション」／作曲：彦坂恭人

※内枠のアルファベットは「コード進行」を表しています。

【解説】
　本来は自分の好きなように作曲をするのが一番ですが、時にはこのような「**様式・形式**」に挑戦してみると自己の実力が測れます。落ち込むこともあるでしょうが、本気で取り組んだ分、獲るものも大きいのは間違いありません。
　また、不思議なもので、好き勝手にオーケストラ曲を書くよりも、「二・三声」の対位法楽曲を書く方が余程難しいということもあるのです。今回は中・上級者向けにある程度の「ポピュラリティ」を持った見本ということでシンプルに書いてみました。

J.S. バッハのインヴェンションは実に多彩であり、古代舞曲からの影響、フーガ、カノン、変奏曲の技法がふんだんに入った作品で、単なる初級者向けのピアノ教本ではありません。是非そちらも研究なさってください。

■1〜2小節

　フーガとは異なり、始めに奏でた「主題（主調Ⅰ度）」を5度上げて演奏させる必要はありません（P.103〜104参照）。基本は、そのまま別の声部にコピーをしても大丈夫です。ここでの主調というのは、もちろん「KeyがC Major」であれば「ド・ミ・ソ」のどれから始まっても良いのです。作例では、分かりやすくスケールをそのまま並べています。そして、「主題」を一度繰り返したところで次に来るのが「属調（Ⅴ度）」です。こちらも同じように2つの声部で反復しています。

■3〜4小節

　この後は本来、もう一度主調に戻ることもありますが、本作はある種のミニチュアなので、すぐに「**反復進行**」に突入しています。これもどこから始めるか結構悩むのですが、私の場合は基本的に「**旋律線の繋がりが不自然でないかどうか**」を基準に作っています。

　実際はdim（ディミニッシュ）の形を取っていますが、コードで書いた場合、ここは「E7–Am–D7–G」と進んで、たどり着いたCはG MajorKeyの「Ⅳ度」になっており、そのまま「Gメジャー」を確立しています。

■5〜7小節

　第二部はフーガと同様、インヴェンションにおいても大抵が「**平行調**」に進みます。C Major keyの場合は「**A minor**」です。

　そのあと、本来であればここでも様々な展開をさせるのですが、この譜例ではすぐに前と同様、反復進行に進んでいます。但し、一回目と異なりフレーズを「**反転**」しているのがわかると思います。手前にある主題も反行で提示しているので「揃えた」という訳です。

■8〜9小節

　最後は「**下属調（Ⅳ度）領域**」に入ります。本来であればもう少し先に伸ばしても良いのですが、この場合はすぐに「下属調の平行調」である「D minor」に進み、それが主調の「Ⅱm」になるように持っていっています。ここの部分を見て分かるとおり、機能和声的ではない「**平行進行**」や「**弱進行（例えばⅡm→Ⅱ、Ⅵm–Ⅰ）**」をしながらフレーズを繋いで行っているのが分かると思います。

■10〜11小節

　最後は当然のことながら「主調」に戻ります。ここはご愛嬌で、少し旋法的にミクソリディアン、または「**サブドミナント・マイナー（♭Ⅵ度、♭Ⅶ7）**」で終止を飾って終結しています。

　バッハのように膨大な数を書いていると、恐らく見直しなどせずとも完成度の高いものができるのでしょうけれど、私の場合は一度完成したものを再度、手直ししています。

　フレーズに「不自然なところ」はないか、「同じような音域をうろうろと回る様な旋律になっていないか」などに注意したり、リズムの面でグルーヴを活かせるように所々、細かくしたり、移勢（シンコペーション）をしたりフレーズを引き伸ばしています。「型」をかなり短縮して書きましたが、何とかこのように一曲まとめるところからスタートしてみてください。

⇨**Section2** 三声対位法 ～様々な形式～

② 旋法性を持った「対位法楽曲」を作る際の考察

　調性というものを幅広く捉えた場合、J.S. バッハの楽曲は非常に限定的な側面もあります。彼の楽曲は決して「古典的機能和声法」を遵守している訳ではないのですが、教会旋法を全編において使用した楽曲というのは見当たりません。

　これは当時の風潮や流行を反映してという理由もありますし、基本的に「旋法性（Modal）」は機能和声法における「**ドミナント7th（トライトーンを含む属七の和音）の概念が希薄**」なので、明確な終止感を出せないということにも起因していると思われます。

　さらに、これは「**音程における3度・6度の重用**」とも関係しているのです。なぜなら、旋法性の音楽においては「**完全5度・4度が優位に立つ**」ので、明暗（メジャーやマイナー）の性格を打ち出すことが困難になるからです。

　ドミナントも明暗（メジャー、マイナー）の性格もぼやけるということは、楽曲の中で「段落」を作ることが難しくなり、「印象派・象徴主義」の作曲家が愛用したような「音響的」な世界の創出に繋がります。それはキリスト教的な「善悪」、「正誤」というような二項対立の構図を創出することには向かないのです。後年、十二音技法で「対位法的な要素」を活用した A. シェーンベルクや「移調の限られた旋法」を使った O. メシアンなどの作品には「無調の対位法・フーガ」ともいうべき作品があるのですが、それは聴き手にとってあまりにも認識しづらいものでした。

　作者本人にとっては精神的であり、「理論的に作られている」状態であっても、それが聴き手に認識されにくいのであれば音楽の本質を見失っているように感じます。もちろん、「音楽概念の拡張、自由な音楽」という発想自体は芸術として歓迎すべきことであり、私も興味を持ち研究はしていますが、それはどこか混沌としているようにも思えます。

　「音楽として聴くのは面白くないが、音楽理論的に見て面白い」というのはアカデミズム（学術的、理論中心主義）の陥る典型的で自家撞着のような気がしなくもありません。

　無調とバロックの様式美を掛け合わせること自体は構わないのですが、それは本来的に相容れないものを結び付けようとしているともいえます。楽譜の上において理路整然としているものも、「聴いて認識ができない」のであれば意味を為さないからです。

　ここでいう旋法性は全く機能を欠いたものではなく、「旋律による終止感や楽曲の展開」を追究するための一つの試みだという点を意識してください。

　当然のことながら、「機能和声的な要素」を含めることは構いませんし、寧ろ各段落を作る際には必要でさえあります。大切なのは「**旋律の種類**」や「**調性の繊細なグラデーション**」を生み出すことにあります。それは、旋律の追究である対位法の本質的な部分だと私は考えています。

Practice 8

旋法性を持った二声体〜三声体の対位法楽曲を作ってみましょう（下記の「主題」を参考にしてください）。

解答例は P.137 〜 138 ➡

⟨a⟩

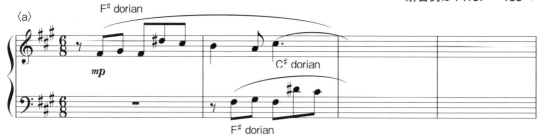

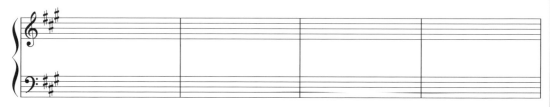

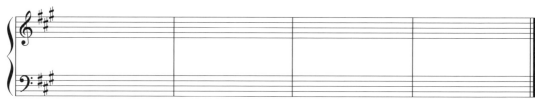

⟨b⟩ さくらさくら　日本古謡

Section 3

四声対位法
〜作曲、フーガ〜

⇨ Section 3　四声対位法　〜作曲、フーガ〜

① 1音符：2音符：4音符：自由旋律

1　四声対位法の心構え

　対位法も四声になると、結果的に和声法の実習と似たような形式になってきます。しかし、あくまでも「**線（各声部の旋律）を重視する姿勢**」を持ち続けてください。先にコード（和音）の設定をしてしまうと音の動かし方が限定され、必ず何かの「刺繍音や経過音であるべき」という意味付けが優先してしまうからです。本書において「様式美の為の規則」を大幅に緩和した譜例を提示、説明をしているのも、本来の旋法性の持つ「**水平軸の強度**」に対する感覚を養って頂きたいからです。

♦ 旧来の対位法との大きな差異

- 平行（連続）・直行5度の積極的な活用（当然、避けるのも任意）。
- 「第二転回形は独立した和音と見なせない為、使用不可」という和声学独特の発想からの解放。
- 旋法的（モーダル）な旋律の使用。
- 自由な「転調・移旋」の許容。

　実際に、中世〜ルネサンス期にかけてはバロックや古典派の時代とは異なる美意識が存在していましたし、無調をも知った現代に「ある一時代の様式」だけに囚われる必然性はありません。本書の譜例も可能な限り、特定の様式に縛られないものを目指しています。

　それでは、上記の例を含んだ四声（1音符：2音符：4音符：自由旋律）の作例を見てみましょう。

Ex-1　四声の作例

※三小節目の4拍目から、四小節目の1拍目はアルトが経過的に動いているためそこまで不自然ではない。

⇨ **Section3** 四声対位法 〜作曲、フーガ〜

譜例のように四拍子の場合は、「**全音符→四分音符→二分音符→自由旋律の順番**」で入ります（どの声部から入るかは任意）。また、自由旋律の声部に関しては一小節目を「**完全に休符**」にしてしまっても構いません。これは、各声部の「入り」を明確にするための手法です。

ひとまず「旋法の流れ」を見ていきますと、目まぐるしく移っていますが、これは「コード・ネーム」から発想している訳ではなく、一つずつ声部を重ねていった結果なのです。

- 1小節目 ……… Cメジャー
- 2小節目 ……… Cミクソリディアン
- 3小節目 ……… 1・2拍いっぱいCエオリアン、3・4拍目Cフリジアン
- 4小節目 ……… Cミクソリディアン
- 5小節目 ……… Cメジャー（和音のみ）

また、これは少し極端な例ではありますが、使用している「強拍の音程」も通常の対位法では「**不協和のため使用不可**」というようなものばかりです。もちろん、いきなりここまでしてしまう必要もないのですが、思い切ってこれくらいまで拡大してみようということで例を示しました。

四声の場合は、かなり作曲に近い感覚で作ることが大切です。まずは、「バス、テナー」の関係を考え、そこにアルトを足して「**骨組み**」を作り、最後にソプラノに歌わせるというような感覚で作り上げています。試しに、各声部のみを抽出して歌ってみると旋律になっていることが分かると思います。

バスに関してはさすがに音価が長いので、「ウタ（旋律）」と呼ぶには無理があるかもしれませんが、ここも単旋律で考えてみることが重要です

② 諸規則の整理と確認

◆「歌い出し」の音符の組み合わせ

歌い出しの音符の組合せについては、譜例のように音符と休符の関係に一定のパターンがあります。原則としては「最低音/Bass」に、楽曲のトニック（I度の音）を配置すること以外は自由で構いません。

Ex-2 歌い出しの音符の組合せ例

従来の教本には、「トニックの和音を完全に満たしていなくてはならない」と書かれているものもありますが、対位法の場合は「**空虚5度**」の響きなども活用してみましょう。

旋法的な音楽においては「4度堆積」や「5度・8度の堆積」も使ってみましょう。

Ex-3　4度堆積などで歌い出し

また、慣れてきたら「自由旋律」の声部が始めから歌い出すことも可能とします。

Ex-4　自由旋律の声部から歌い出し

♦ 声部の同時関係における注意点

　対位法は「旋律の集合体」なので、和声法と同様の規則を適応することは本来ナンセンスですが、同時関係に全く注意を払わずに居ても良いという訳ではありません。旋律同士が極端に衝突していたり、あまり思わしくない響きを作る典型的な例を知っておき、予め避けるのは「共通認識」として持っておいても良いでしょう。

Ex-5　短2度の接触

　テンポや曲の文脈、音域、「強拍で起きているのか」等により一概に「全て避けよ」とは言いませんが、音響的に刺激が強い音ではあるので、意図的に使うか、確信がある場合以外は避けるべきでしょう。接触後に両声部が「**反行**」、「**斜行（片方は保留）**」していればだいぶ許容度は高くなります。

⇨ **Section3　四声対位法　〜作曲、フーガ〜**

短二度の複音程である「短九度」も不協和音の代表であり、それが「完全8度」に向かって行くものは、通常は避けられます。しかし、特に声部の数が増えてくると「使用不可」とまでは感じません（注意して使うこと）。

※この場合「斜行」しているため特に使用可。

③ 自由な作例

◆ 6/8拍子

基本は「1音符：2音符：4音符：自由旋律」ですが、3拍子や変則的な拍子の場合は柔軟に対応してください。原則を決めてはいますが、その意味は**音価の大きな音符と小さな音符**のコンビネーションのイメージを付けることにあるからです。

【解説】

4拍子の音楽以外については下記のような変換を行って柔軟に対応します。

- 全音符　　　➡　付点四分音符×2
- 二分音符　　➡　付点四分音符
- 四分音符　　➡　八分音符
- 自由旋律　　➡　休符も含めて自由

尚、曲の途中で上記の関係性を「パート内」で入れ替えたり、例外的に音価を変更しているところもありますが、あくまでも原則は意識しながら作っています。

Ex-8　エオリアン（3/4拍子）の作例

【解説】

音価の変換のアイディアとしては、下記のようなものが挙げられます。

- 全音符　　　➡　　付点二分音符　　・四分音符　　➡　　八分音符
- 二分音符　　➡　　四分音符　　　　・自由旋律　　➡　　自由旋律

但し、必要のない音符で埋め尽くすようなやり方は無意味です。短い音価の音は適宜、**移勢**を入れたり、休符を使ってバリエーションを作ると良いでしょう。

④ 模倣を取り入れる

声部の数が増えて来ると、音楽的な統一を図ることが難しくなってきます。そこで、対位法の特色として「**部分的に模倣を積極的に取り入れる**」ことは過去の作曲家にとっても必然のことだったのかもしれません。以下、通常の4拍子でどのように模倣をしていくのかを解説します。

Ex-9　模倣を取り入れた例

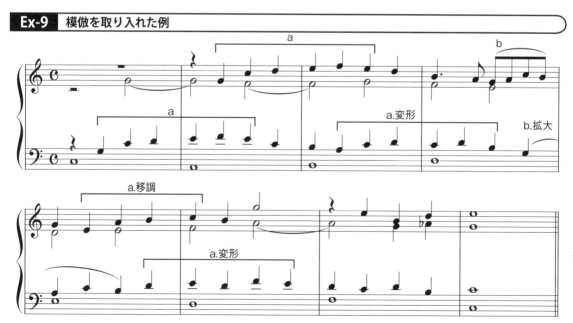

※3小節目は、和声法であれば「B音（シ）」が導音重複ということで禁則に触れますが、ご覧の通り「主音」に進むための音ではなく、旋法的な発想で動いているので使用することも十分に有り得ます。

⇨**Section3** 四声対位法 ～作曲、フーガ～

これは、現在でも日本の和声のスタンダードな教科書として認知されている「和声理論と実習〈I〜III〉（音楽之友社 / 島岡譲　他）」のIII巻の最後に登場する「階梯導入（※1）」の手法に近いものです。

当該の本のように厳密な「和音設定」や「声部指定」をしていないのは、あくまでも旋律を優先してその他の声部も決定していくことが対位法の難しさであり、醍醐味だからです。初めのうちはどうしても和声という「安定した基盤」を求めてしまいがちですが、和音設定と禁則をしっかり守るということは、極論すると**「誰が書いても同じようなもの」**ができてしまうということです。

本書はあくまでも作曲に繋がるようなヒントやきっかけとしての「旋律から発想する対位法」を標榜しているので、旧来の「技法書や理論書」という観点からすると逸脱している部分もありますが、「響きの独自性（時代様式に囚われない）」という点で、他では見られない個性を追求しようと考えています。

【解説】
■1〜4小節

テナーに現れる主題「a」を途中からアルトが模倣をしており、それを再度、音型（音の上下などの動き方）を真似したフレーズがテナーで奏でられています。和声的には小節ごとに「C − F/A − Bm⁽♭5⁾」という大まかな流れが見えますが、縦の同時関係も機能和声的な発想ではなく、線的に繋げているところに注目してください。和声学上の禁則は参考程度に留めます。

4小節目のソプラノのフレーズ「b（ソ・ラ・ド・シ）」は中世の聖歌でも見られるような「折返しのフレーズ」です。恐らく、当時の人々もリズムのグルーヴや、歌詞のセンテンスの切れ目を感じ取っていたでしょう。

■5〜6小節

次に繋げるのはテナーのパートです。「b」のフレーズを拡大（引き延ばし）模倣したものを歌っています。そして、それに折り重なるようにソプラノの「Cメジャー（ソ・ド・レ）➡Aマイナー（ミ・ラ・シ）」へ移調したフレーズが続きます。ここでいう移調は、単音の相対的な立ち位置（度数でV − I − IIと計ると分かる）は変えずに、調性に合わせて**「高さのみを変える」**ということです。

6小節目ではソプラノを最高音の「G音（ソ）」に持っていき、和声的にもあえて不協和になるように7度や9度という音程を使っています。コードに換言すると「sus4」に「add9」を付けた様な響きです。

■7〜8小節

旋法的な音楽においても、最後は「属音−主音（V − I）」という動きは自然なものとして使われますが、ここは敢えて「変格終止（IV − I）」を使っています。但し、上声部に属音や導音が配置されると響きは「ドミナント」と同じになります。ポイントは「F − B」のトライトーンの持つ濁りでしょう。

終止の一つ手前に、敢えてサブドミナント・マイナーの音（♭VI音）を入れているのは、少しスパイスを利かせたかったからです。

次は例題を一緒に考えてみましょう。答えはもちろん一つではなく、何通りも考えられます。最終的には自分で良し悪しの判断ができるように、練習を重ねてください。

※1　階梯は「ハシゴ」のこと。同じ型をしたフレーズを段々と重ねていく様子から名付けられている。

91

Ex-10 例題

次の譜例を参考に課題を完成させましょう（C ドリアン）。1～2小節目の流れを意識して、3小節目から実施してください。

【実施のヒント】

・全てを一遍に思い付くには相当な訓練が必要です。最初のうちは「二つの声部（例えば四分音符と二分音符）」のパートの関係を中心に考えてみる等、作業工程を分けてみましょう。

・旋法独特の浮遊感で落ち着かない感覚があるかもしれませんが、慣れないうちは和音にしたときに「**基本形**」か「**第一転回形**」になるように、ベースを配置していくのも良いと思います。慣れてきたら、浮遊感や不協和も恐れずに、様々な響きを試してみましょう。

Ex-11 【Ex-10】の実施例

⇨ **Section3** 四声対位法 ～作曲、フーガ～

Practice 9

次の課題において、未完の声部を補填してください。

〈a〉アルトとテナー（四分音符＋八分音符／付点四分音符）
〈b〉ソプラノとバス（二分音符と自由旋律）
※音符のパートへの割り振りは任意とします。

解答例は P.138 ～ 139 ➡

⇨ Section 3　四声対位法　〜作曲、フーガ〜

②対位法から実作へ

　本項では総括として「対位法」を学問で終らせず、どのように作曲に繋げていくのかの実践的なアイディアを紹介していきます。作例も「音価・定旋律」に縛られない自由なものを少しずつ増やしていきますので、是非ご自分でも色々と書いてみましょう。「作曲は生まれ持った才能が全て」という考え方も全くの嘘ではありませんが、大作曲家と言われるような人々も「神童」ばかりではありません。かの偉大なる J.S. バッハも音楽学校には通っておらず、基本は独学でした。それがずっとコンプレックスになっており、息子達の進学には人一倍熱心だったくらいなのです。ひたすら自分で悩み考える、少しずつでもよいので作曲の練習をすることが「地道」ではありますが、上達の一番の秘訣です。

　本書に書かれていることも、ただ鵜呑みにするだけではなく「**自分だったらこうしてみたい**」、「**何故、この響きを選んだのだろう**」と一度、冷静に分析をしてみてください。

1　旋律の作例

　これは、様々なところで何度も繰り返してきましたが、「調性」はある一定の音の流れ、特に「始まり〜終わり」までどのような経過を辿って行くかで決まります。

　コード（和音）は一度の響きである程度の性格を表すことが可能ですが、旋律単音で性格を表すのは容易ではありません（音色や奏法、音価によって不可能ではありませんが…）。必ず、異なる高さの音が連結し、律動（リズム）が付いて暫くの時間経過があって始めて、旋律を認識することが可能になります。

　旋法は、ペンタトニックと IV・VII 番目の組み合わせが特徴を形作ると既にお伝えしましたので（P.60 〜 61）、ペンタトニックと中心音はもちろん、IV、VII 番目の音がどのように使用されているかを確認してみてください。また、旋律の場合はドレ・ドレ・ドーなどの「**二度の動き**」で終止感が出せますが、それだけでは長・短旋法の区別が不充分です。「III 度音や IV 度、VII 度（それぞれ ♯ や ♭ の変化を含む）」があってこそ、調性の決定力が強まります。

Ex-1　C ミクソリディアンの旋律の作例

現段階では、メジャー（アイオニアン）とは明らかに異なる色彩を感じ取れれば結構です。そして、旋律にどんな和声が付くのかは、別の問題であることに気付いて頂きたいのです。この単線だけで、充分に「**中心音も性格も持ち合わせていること**」が分かるかどうかが最大のポイントなのです。

平行調のフリジアンの作例も確認してみましょう。旋法の平行調については、P.66 を確認してください。

Ex-2　A フリジアンの旋律の作例

音の同時関係についてお話しましょう。先ほどの【Ex-1】の C ミクソリディアンの旋律に、できるだけ忠実に和声を付けるとこのようになります。後半の 4 小節目は少し C マイナーの要素を取り込みました。

Ex-3　【Ex-1】に和声をつけた例 1（旋法的）

このように、本来、和声は機能的な進行が全てではないということです。元々、聖歌にしても俗謡にしても「単旋律」か、少人数でのハーモニーが全てだったことでしょう。旋律の強さというのは必ずしも和声を必要としませんし、全てを「機能和声的に考える」のが、如何に偏っているか再度認識されることと思います。

Ex-4　【Ex-1】に和声をつけた例 2（機能和声的）

対して、こちらは機能和声的に音を配置した作例です。長調に聴こえるように、旋律を少し変更していますが、【Ex-3】と比較して聴いてみてください。

「A フリジアン【Ex-2】」の作例の方は、4小節目と5小節目で切迫した感じになり、リズムを掴むのがやや難しいですが、そういった場合にも他の声部も「対位法的」に動かしていくと、上手くまとまります。

先程と同様に、旋法の「中心音（ここではラ（A））」を固定しており、実習でいうところの「全音符」のパートにあたる部分ともいえます。

こういったパートを「**オルゲル・プンクト（オルガン点）**」や、「**保続音・ペダルポイント**」と呼ぶことがあるので覚えておいてください。

Ex-5 【Ex-2】に和声をつけた例

※SopとAltは声部交叉を行っている。

2 変格旋法について

ルネサンス期以降の当時の音楽理論では、主音からオクターヴ上方に伸びるものを「**正格旋法**」と呼び、主音を中心として上・下の属音（5度上と4度下）までの範囲を中心に動くものを「**変格旋法**」と定義付けています。

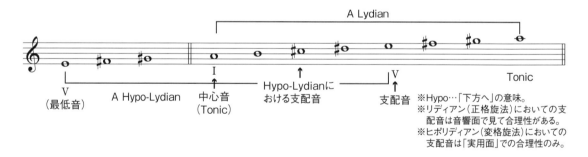

Ex-6 Aリディアン（正格旋法）とAヒポリディアン（変格旋法）の関係

これは旋法性という根源的な問題というよりは、テノール（男声）パートが使用する音域に合わせて上・下限を定めたという実用的な理由だったと思われます。

なぜなら、当時はまだ楽譜も音楽教育も未成熟であり、感覚的な覚え方が優先されていたのです。後世になるにしたがい、五線譜が定着し「オクターヴの概念」が優位になるに伴い廃れてきた旋法といえるかもしれません。そして、それを「一つのモード」として意識的に使う作曲家が少なくなっていったと言えます（器楽の隆盛も理由の一つ）。しかし、旋律を作る際に「上行するか下行するか」という意識の差によって、湧き上がるものは違ったものになります。

変格旋法（ヒポリディアン）については暗記する必要は有りませんが、発想としてはまだまだ使えるものだと思います。

基本的には「**同じ音階上の音**」なので判別はしづらいですが、【Ex-7】は前半を変格旋法（Aヒポリディアン）、後半を正格旋法（Aリディアン）に設定した作例です。特性音である「D♯（♯IV音）」は中世の実例では下方変位している例の方が多く見られますが、近現代ではそのキャラクターを活かしたものも多くあります。

Ex-7　Aヒポリディアン（1～2小節）とAリディアン（3～5小節）

3 旋律とバスの関係

　音楽が原初は「二人」の歌の掛け合いだったことを思うとそれ以降、時代ごとに音楽が如何に巨大になったか、驚くべき進化と言わねばなりませんが、やはり基本には「**二声の掛け合い**」があります。

　例えば、J.S.バッハは「無伴奏のフーガ」というものも書いていますが、あれも言ってみれば「一人二役」を演じているようなもので、一つの「ヴァリエーション（変奏）」とも言えます。

　本項では、「作った旋律にどのように対旋律を付けていくか」の中で最も重要である「**最低声部（バス）との関係**」を見ていきますが、これから紹介する【a～e】の項目は、ほんの一例に過ぎないとも言えます。しかし、「**型**」として大きく分けてみると、その数は意外に限られています。旋律は「B♭」の短旋法の系統で敢えて特定ができない響きにしてあります。

◆**a. ドローン（固執低音）**

　主音（I）や属音（V）が置かれることが多く、イントロやエンディング、中間部にも使われます。

Ex-8　ドローン（個執低音）

◆**b. ドローン（Modeを変える）**

　旋律が持っている中心から「**ずれた音**」を配置してみます。こうすると、音楽が「E♭」の長旋法のようにも聴こえてきます。

Ex-9　ドローン（Modeを変える）

◆c. ベースライン

「場面展開」が分かりやすく、最もポピュラーな付け方です（テレマン、D. スカルラッティ、バッハも多用しています）。

◆d. カノン

そのまま追いかけていく輪唱です。予想外の衝突がおきることもあり、意外に発展性もあります。

◆e. カウンター

相手の出方を見ながらも、「わが道を行く」タイプの付け方です。後年の正統的なフリージャズも大元はこの発想でできています（対旋律型）。

以下のように、複数の可能性を探ってみると勉強になります。

- トニックとして落ち着く感じのするもの（旋律のトニックとして一番強いものを感じ取る）
- 少し外れた感じのもの

⇨ **Section3** 　四声対位法　〜作曲、フーガ〜

【解答例】　（ここでの解答はあくまでも参考例です。）

⟨a⟩ 「A」を置いて、「A リディアン」と取るのがトニックの感じが強いのではないでしょうか。F♯で「F♯ドリアン」もあり得ますが、「旋律の中に含まれていない音」をトニックにするのは、今のところは応用の範囲です。C♯は旋律の A の存在で少しぼやけますが「C♯エオリアン」とも取れます。

⟨b⟩ F が一番素直に長調を感じ取れますが、旋法的には「B♭」の方がトニックに相応しく感じます。「B♭」の方が F よりも本来は「完全 5 度下方」に存在するからです。

⟨c⟩ F♯ を置いて、「F♯フリジアン」と取るのが良いのではないでしょうか。第 III 音が、「**半音上げられる**」と、スパニッシュな感じがより強まります。

❹ 「伴奏を付ける」から「四声部を操る」へ

◆ コラール（※1）の書法

　旋法の多様さは、その反面「性格が分かりにくい」と言われることも多いです。それは、今の音楽教育が「古典派」のドミナントとありきの「メジャー・マイナー」を中心に教えているのが要因です。

　J.S. バッハの時代ですら、もう旋法的なものはだいぶ減ってきており「色分けが把握しやすい長・短調」が好まれていたのですから。しかし、彼の作品の中にも「旋法的な楽曲」と対峙している作品が無い訳ではありません。例えば次の曲は元が明らかに「フリジアンの旋律」です（ルネサンス期の旋律（ルター作）からの引用）。

Ex-14　Es Woll Uns Gott Genädig Sein（BWV312）／作曲：J.S. バッハ

※1　コラール＝賛美歌のこと（ドイツ語）。

Ex-15　Es Woll Uns Gott Genädig Sein（BWV312）／編曲：彦坂恭人

　【Ex-14】は J.S. バッハの素晴らしい編曲です。彼の「コラール書法」の洗練が如何に完璧であったかが見て取れる佳品と言えるでしょう（連続 5 度などの禁則も巧妙に避けられています）。

　【Ex-15】は拙作で比較するのも恐れ多いのですが、バロック期に既に見られる「機能和声的な規範」を無視しており、なるべく「フリジアン」になるように作ったものです。

　ここで見比べて欲しいのは、各声部の「**旋律線**」です。単に旋律のみ美しく飾られれば結構、ということであれば「和声の技術」でいくらでもオシャレにはなるのですが、旋法性は薄くなります。作曲、または編曲をする際に、単なる「伴奏付け」ではなく、旋法性と長・短の響き、どちらに比重を置くのかということも意識しながら書いてみてください。

　個人的には、現代は旋法性が少し不足しているような気がします。響きの充実も、もちろん大切ではありますが、音楽から「ウタ」を排除してしまうのは少し寂しい気がします。

◆ 通模倣様式

　ここで紹介する作品は、ネーデルラント出身（今のオランダ）の作曲家、チプリアーノ・デ・ローレ（Cypriano de Rore/ 不明 -1565）のものです。彼は主にイタリアで活躍した「フランドル楽派」の巨匠であり、ジョスカン・デ・プレ以降の後期ルネサンス音楽の発展に貢献した一人です。

　フランドル楽派は、1400 年代半ばのヨーロッパを代表する様式を確立しました。各声部が対等の価値を持ちながら**旋律の要素を模倣・展開**していく「**通模倣様式**」は、カノンのような厳格さはありませんが、それが作曲の可能性を広げたと言えます。

Ex-16 チプリアーノ・デ・ローレの作品

　また、同時代で少し先輩のニコラ・ゴンベール（詳細不明/1495-1560頃）も同様に、一つの声部から発展して「**完全5度上での模倣**」も当たり前のように行なっています。当時の楽曲は、まだ聖歌（歌詞が決まっている）への付曲ですから、歌詞の自由な扱いが楽曲上の表現を広げたとも言えます（但し、守旧派からの反対も大きかったことでしょう）。

Ex-17 ニコラ・ゴンベールの作品

　もちろん、当時の作曲家たちも通俗的な歌謡曲を書いており、こうした模倣ですらも拘束と感じる人々に向けて自由な形式の作品を残していますが、根底には対位法的な発想があったことを理解してください。

Practice 10

次の譜例や本項の作例を参考にしながら、「通模倣様式」に倣った「出だし」を作ってみましょう。使用する拍子や旋法は自由とします。様々な形を試してみることに意義があるので、最初は細かな規則などは無視して構いません。耳で聴いてみて、おかしくはないかと試行錯誤をすることが上達の秘訣です。

最低限、「テーマ ➡ 5度上 ➡ テーマの再現」までを作ってみよう！

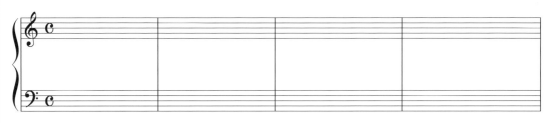

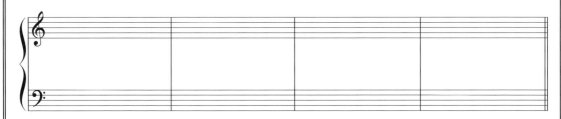

解答例は P.139 ➡

⇨*Section 3* 四声対位法 ～作曲、フーガ～

③フーガの技法、導入

　本書もいよいよ佳境に入ってきましたが、最後は「**フーガ**（※1）」について私なりに書いてみたいと思います。

　基本的にはこれまで学んで来たことの集大成と思って頂いて構わないのですが、いわゆる「学習フーガ（学校フーガ）」という鋳型も存在するくらいで、フーガにしか見られない「**独特の動き**」もあります。ですので、最低限の流れは押さえておきましょう。

　先述の「厳格なカノン～通模倣様式」まで比較的ルールは緩和される傾向にありましたが、それはあくまでも声楽における「歌詞の要請」が存在する場合の話です。「ルネサンス後期～バロック期」にかけては器楽もさらに盛んになり、音域の問題も解消されましたが、今度は反対にある程度の形式を決めないと、「ただのまとまりのない楽曲」になる危険性も出てきました。そんな中で作曲家達は試行錯誤を繰り返しながら、どのようにしたら「変化と統一」を両立させられるかを追求していたのです。しかし、作曲は最終的には個人的なものでしかなく、「フーガ」と言えば名前が即座に挙がる J.S. バッハですら鋳型に嵌まるようなフーガは残していません（彼は「理論書」を残してもいません）。最後まで「対位法・フーガ」の追求を続けたそのバイタリティーには驚きますが、それだけの可能性を秘めたものが「フーガ」にはあるのです。

　また、現代において「フーガを書く意味はあるのか？」という問いに関しても、作曲に本気で興味を持ったら一度は通る道だと言える程、創造力を刺激してくれる「**様式やフォーマット**」がフーガなのです。

　本書の姿勢は一貫しており、学術書のようなものを書くつもりはありませんから、これから書いていくことも「規則だから覚えよう」、「必ずこう動かなくてはならない」というように捉えないでください。

　型だけを丸暗記してフーガを書いてもすぐに忘れてしまうでしょうし、それは本来の創造的行為とは反するものです。常に「**なぜこのような仕組みになっているのか？**」、「**自分ならこうしてみたい**」という姿勢で臨んでくださることを心から願っています。

① フーガについて

　フーガについての学術的考察や文献は、今でも参考にできる優れたものがたくさんあるので、色々とあたってみることをオススメします。

　本書では、これまでの「対位法～通模倣様式」がフーガに到ってどのような特性を持ってきたのかを解説していきますが、最初の段階では「学習フーガ」を参考にしながら解説していきます。また、度々触れている通り、J.S. バッハを始め、過去の大家達にしても純然たる「旋法フーガ」は殆ど書いていません。やはり、それだけ機能和声（ドミナントートニック）の説得力と分かりやすさは群を抜いている点は否定できないのです。しかし、感覚を磨いていくことによって「旋法」でもフーガは書けますし、果てはポップスや映像音楽にもそのアイディアは応用が利くことが徐々に理解できることと思います。

※1　数ある対位法を主体とした楽曲形式のうちのひとつ。

103

フーガの特色としてあげられるのは、「**調性の動き**」や「**展開のしかた**」にある程度の決まりがある点があげられます。もちろん、「フレーズが次々と湧き上がる」というような方もいらっしゃると思いますが、作曲家として、ある程度の年数を重ねて来ると、才能と勢いだけでは楽想が尽きてくる経験は誰しもがしているはずです。

その証拠に、バッハから下ること150年以上経った後も特にA. シェーンベルク、B. バルトーク、O. メシアン等もサウンドは全く変容しましたが、「対位法・フーガ」の精神を受け継いで創作にあたっていたのです。少し前置きに力が入りすぎましたが、フーガの主な流れを見ていきましょう。

◆ 導入（主題提示部）

要素としては、「**主唱**（※1）」と、「**応答**（※2）」で成り立っています。英語で言い換えると「Subject-Answer（問い掛けと答え）」です。この二つを合わせて「**主題**」と呼びます。

カノンと大きく異なるのが、主唱に対して原則として「**完全5度上または完全4度下で模倣をしていく**」という点です（実際は教本や一般的な説明でよく見かける「主調 – 属調」という決まりは無く、これも「学習用フーガ」特有の概念ですが、慣れるまではこの概念を活用します）。

実作品では、そのまま勢いで様々な調性に進んでいくケースもあるのですが、基本はこれに対してもう一度「主唱」で返します。また、「和声の動き（タテの関係）」に関しては「I（トニック）－V（ドミナント）－I（トニック）」という枠組みを作るのが、この導入の役割です。

後ほど詳述しますが、必ずしも「Key=C → Key=G」と転調するとは限らず、単に「主調での属音（V）」を指す場合もあります。この部分を理論書によっては、古典的な「長・短調」を対象に書かれていることがあり、ホリゾンタル・トニック（旋律における調性）という概念が希薄なために混乱を引き起こしています。実際、フーガには厳密な決まりは存在しません。

2 主唱（主音または属音）

フーガといえば、バッハの「平均律クラヴィーア曲集1・2巻」は外せません。必ず、それぞれの曲に「プレリュード（前奏曲）」が付随しており、その後にフーガが出てきます。その第一番はCメジャー（※3）で読みやすいので譜例を紹介しましょう。

※1　ドゥックス（Dux.）／スージェ（Suj.）という。
※2　コメス（Comes.）／レポン（Repon.）という。
※3　ドイツ語ではC dur（ツェー・ドゥア）と言います。

⇨ Section3　四声対位法　～作曲、フーガ～

Ex-1　「平均律クラヴィーア曲集　第1巻」より「第一番・フーガ」／作曲：J.S. バッハ

本来、旋律は単独で見るのが正しいのですが、和音で見ると次のようになります。

これだけを見ると、単なる「ハ長調の音階の羅列」のようにも感じますが、次のような工夫がされており、実に良くできたテーマです。

・頭に休符を入れている点（休符も主唱のうちです）　・装飾を伴う「リズムの多彩さ」
・順次進行の後の、「完全音程による跳躍」

　実際に自分で書いてみると分かりますが、平凡な方が良いのか、どのくらいまで派手にしてよいのかと迷うこと請け合いです。また、本来は旋律に対して「和音設定」をするのは「対位法の精神」とは相容れないものですが、実際上、機能和声的なフーガにおいては「和音進行をある程度、頭に入れて書くこと」は学習上、寧ろ便利とも言えます。この旋律にもいくつかのコード付けの可能性がありますが、大まかに言って【Ex-1】のような進行を感じさせます（旋法的なフーガはこの限りではありません）。

♦「主尾（主唱の終わりの音）」について

　主唱が何処で終わったのかを見分けるのは容易ではありませんが、フーガの冒頭は基本的に独唱が完了するまで、応答は入りません。また、主唱がⅠ度音で始まった際に応答は原則として属音（Ⅴ度音）で入るので、それと協和するように「Ⅲ度音」で終わらせるケースが比較的多く見受けられます（ソとミの関係は3度で協和）。

♦ 例外的に「V度音」で始まる場合もある（補足）

　例えばフレーズ自体がソーミ・ド（G−E・C）などで始まり、Ⅰ度の和音を感じさせるものでも、開始音はあくまでソなので「Ⅴ度音（属音）」です（その他、Ⅲ度音で始まるのも可）。
　下記は実際のバッハの作例ですが、Gマイナーの楽曲で、出だしが「D−E♭−G」です。この場合は、「Ⅴ度音」から開始したということになります（属調のDマイナーから始まった訳ではない）。

Ex-2　「平均律クラヴィーア曲集　第1巻」より「第十六番・フーガ」／作曲：J.S. バッハ

※後述の応答は、Ⅰ度音のソ（調の主音）で行なわれている。

105

♦ 「主唱」が途中で属調に転調するものもある

【Ex-3】のように、答唱に行く前に主唱の中に「属調への転調」を混ぜる場合もあります。
しかし、旋律のみで厳密に「調判定の線引き」をすることは困難です。さらにそれは、あくまでも作者のみが知ることであり、分析するためには「答唱」や全体像も見てみないことには分かりません。最初のうちは、こういった手の込んだことは行なわない方が良いでしょう。

Ex-3 主唱中に「転調部分」が混ざっている例

3 答唱（Ⅴ度音または主音）

答唱は、別名で、「応答」と呼ばれることもありますが、同じ意味です。この答唱の部分が最初の大きな関門で、書籍によっても概念や解釈にずれがあり、分かりづらくなっています。大きく分けると、次の3種類があります。

- 正応／正答唱……………………「完全5度上／完全4度下」にそのまま移すこと。
- 変応／変答唱…………………… フレーズの始まり、またはフレーズ中で特に音価の大きい目立つ主音と属音のみを入れ替えること。それ以外は「正応」することが多い。
- 調的応答………………………… 主唱の主調部分は「正応」、属調への転調部分は全て「変応」すること。先述の【Ex-3】のような場合に適応できる。

　この部分に関しては、専門家の中においても様々な見解があると思いますが、「機能的な長・短調」の場合は、そこまで大きな差は出ません。

　過去の作曲家達の譜例を眺めてみても「絶対的な規範」などはなく、その後の展開をどうするかで、作曲家自身が決めて良いのです。ただし、これには訳があって、転回をしたときに正応のみだと大きなズレが生じてしまうことがあります。本来の応答の目的は「属調に転調すること」にある訳ではなく、**再度その曲の調性のⅠ度（トニック）に戻す**ところにあります。その為、主唱の性格が壊されない範囲で「変化させること」は止むを得ないというのが妥当なところでしょう。

⇨ **Section3　四声対位法　〜作曲、フーガ〜**

　次の譜例は「ド（Ⅰ）〜ソ（Ⅴ）」の関係性をどのように設定すれば、調性的にかみ合うかを「転回対位法」の発想で示したものです。見て分かるとおり、Ⅰ－Ⅴの完全５度の関係性を入れ替えるように設定するとＣメジャーは崩れません。

Ex-4　「主音－属音」の関係性を転回して考察

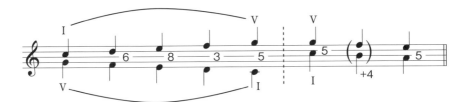

　興味深いのは「ラ〜シ」の部分です。ここは本来Ｇメジャーの「Ⅰ－Ⅳ（ソ、ラ、シ、ド）」のテトラコルド（※１）に属するので、扱いに窮するところがあるのです。その為、主唱がＣメジャーで、「ドーシード」の場合は、メロディの特性を活かして、「ソーファ♯ーソ」と返す方が妥当と言えます。短い音価であれば、Ｃメジャーの中にあっても装飾音のようにしか聴こえないので、寧ろ推奨されます。しかし、これが「**教会旋法の場合**」は、大きな変化が起きます。

Ex-5　Ｃドリアンの主唱に対して「正応」した場合の例

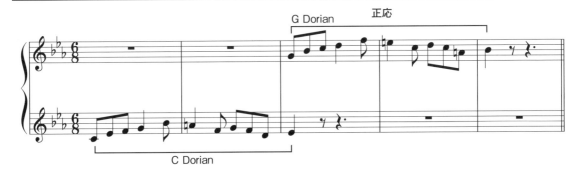

　この例は完全に「移旋」が起きており、再度「Ｃドリアン」の主唱に戻すのに、もう少しフレーズを引き伸ばすか、対旋律を工夫するなり細工が必要になってきます。

Ex-6　Ｃドリアンの主唱に対して「調的応答」をした場合の例（同じＣ Dorian に）

　こちらはＣドリアンはあくまでも譲らずに、「Ⅴ度音」から始まるフレーズとして認識ができます。最後がＣドリアンの特性音なので、Ⅰに戻すのに和声的にはやや困難ですが、【**Ex-5**】と比較してみるとその差は明白です。

※１　４つの弦が原義。意訳すると「４つの音列」。

結論としては、長・短調の音楽の場合も、旋法の場合も「フレーズを吟味することが必要」ということです。とは言っても始めのうちは難しいでしょうから、目安としては下記の5点を挙げておきましょう。

① 基本姿勢としては「正応」することを優先する。
② 属調（V度調）への転調や属音（V度音）が主体的に動く部分が多い場合は、「主調」に返りやすいように応答を工夫する（例としては部分的な変応、調的応答が有効）。
③ 主唱の開始音や単独で目立つような属音（V）は、「主音（I）」で応答する。
④ 主唱に導音（VII度音）を含み、そのフレーズが主音（I）へ動いている場合は「属調の導音（♯IV度）」に置き換えて構わない。
⑤ 規則の為に、フレージングが不自然になることは避ける（旋律の特徴や美しさを優先する）。

　しかし、「フーガの答唱」の部分を文章のみで理解するのはかなりの困難が伴います。実際に例題や、多くの作品（調性のフーガであれば、バッハのみでも良い）を通し、出だしだけでも研究してみることです（「正解は一つ」ではないことが理解できる筈です）。

Ex-7　例題1

次の主唱に対して、答唱を付けてみましょう（原則として「主調」への復帰を目指すこと）。

♦ 答唱を作成する手順

・まずは、主唱における主音（I度音）と属音（V度音）の位置を把握します。
・一度、何も考えずに「上記の二つ以外」は機械的に「正応」してみましょう。

Ex-8　【Ex-7】の作成例1

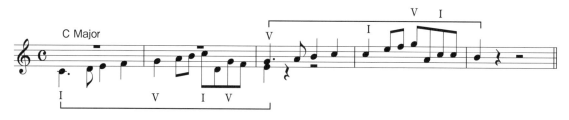

　I、V以外は正応し所々変応しましたが、フレーズに何か違和感を感じないでしょうか？　主音の連打がやたらと目立ちますし、最後の「シ」の後に続くトニックを考えると、ドでもソでも、どちらでも良いような中途半端な感じになっています。答唱の作成も立派な「作曲」ですので、規則や例外をたくさん増やしていっても、実際には「ケース・バイ・ケース」なので迷うことが多々あります。

もう少し、「フレージングを綺麗に」、「Cメジャーへの回帰性を強化する」という点を考えてみると、下記のような答唱になりました。

Ex-9 【Ex-7】の作成例2

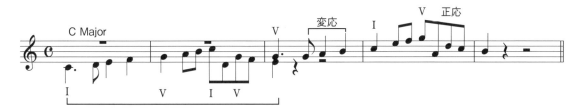

最初のⅠに向かう上行形の旋律は特徴的なので、経過的旋律の箇所は全て「変応」です。また、後半の「ド・ド・シ」となっていた部分は、明らかに元の主唱の特徴を崩してしまっているのと、この部分は一つ主音（ド）が欠けても補われる為、下行音形がはっきり出る「正応のレ」を選択しています。

Ex-10 例題2

最初の休符の存在と、1小節目の三拍目からの「Ⅴ度音」に挟まれた音をどうするかを考えてみましょう。また、2小節目の「下行音型」も主音側に寄せるか、属音側から逆算するかで迷うところです。

Ex-11 【Ex-10】の作成例

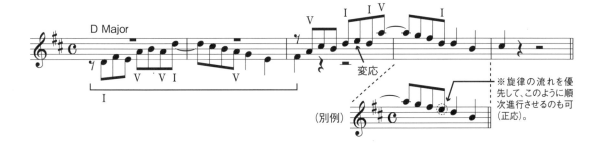

3小節目の三拍目は、「上行の刺繍音」の性格を壊さないために変応しています。また、4小節目の主音から下行する音型に関しては、主音側に寄せて「A－G－F♯－D」を選びました。これは、属音側に寄せると「A－F♯－E－D」というペンタトニック・フレーズになるからです。主唱に見られなかった「特徴」を答唱で新たに作ってしまうことを避けました。

このように、たった二つの例を見るだけでも、かなりの労力が必要だったことと思います。日本で著名な「学習フーガ」の教本に、島岡譲先生の著作「フーガの実（国立音楽大学・刊）」という冊子があるのですが、この答唱ついて様々な例が書かれています。

「旋律が持つ調性感」を完璧に言葉で表すことは困難ですが、かといって機械的な法則を作って絶対的なものだとするのも危険です。また、「答唱が書きやすいような主唱を選ぶ」というやり方を推している本もありますが、作曲家として私はそれを推奨しません。なぜなら、規則の為に曲を書くのは本末転倒だと感じるからです。

4 対唱（Contre Suj.）／対主題

　答唱の対旋律からは「自由な旋律（自由唱）」でも構わないのですが、主題（主唱・答唱）に敢えて「特定の対旋律（もう一つの主題ともいえる）」を付けることがあり、これを「**対唱**」といいます。

　対唱は原則的に、主唱用と答唱用と分けて二つ作るのではなく、あくまでも主唱に対してどういう音程関係になるかを予測して作るところがポイントです（答唱は変化を伴うことが多いため「答対唱」という概念は不要です）。

　また、できれば、主題と「**8度の転回対位法（二重対位法）**」が可能なものを作る方が、その後も他の声部で使いやすくなります。次の例は、原則からは外れていますが見事な例です。3小節目の右手に現れた「対唱」が、「5小節目の左手」に、ほぼ原型のままで繰り返されて、曲を牽引しています。

Ex-12 「平均律クラヴィーア曲集　第1巻　第10番」フーガ／作曲：J.S. バッハ

　さらに、念の為に対唱を主唱に合うように移調してみると「**二重対位法**」が可能なことが分かります。音程関係を見ると必ずしも3度や6度の協和音程とは限りませんが、対位法的に見てこの速さのパッセージならば気になりません。

Ex-13 【Ex-12】の主唱と対唱の関係性

また、「平均律クラヴィーア曲集　第2巻　第5番」には、始めの提示部で主唱と対唱があたかも「セット」になって出てくるものもあり、その汲めども尽きぬ着想力の豊かさに感心します。

Ex-14 「平均律クラヴィーア曲集　第2巻　第5番」／作曲：J.S. バッハ

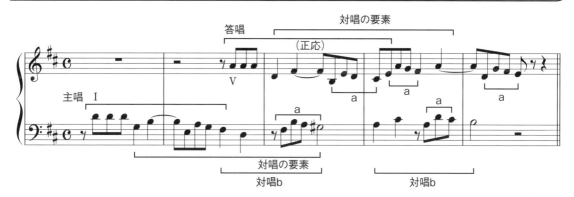

ここまで来ると立体的で高度な「パズルゲーム」のようです。「必ず、順番に決まった位置から入らねばならない」というような先入観を壊してくれるよい例だと思います。

ここまでで、「対唱」を書く際のポイントをまとめると次のようになります。

① 主題（主唱/答唱）とは異なるリズムの特徴を持っていること（細かい➡大らかなど）。
② 主題のリズムの隙間を縫っていくような、相互関係を作れるもの。
③ 8度の転回対位法が可能であること（機能和声的には第2転回形を作るような関係は避ける➡この点は本書では特にこだわりません）。
④ 3の理由により主唱（または答唱）から「オクターヴ以上、離れた関係」にならないように気を付ける。

Practice 11

次の主唱に「答唱」と「対唱」を付けてみましょう。また、対唱を書いたら移調してみて、主唱と「8度の転回対位法」が可能か試してみてください（書けそうな方は、主唱から作曲に挑戦してみてください）。

■ヒント

1. 主唱（バス） → 2. 答唱（アルト） → 3. 対唱（バス）

この順番で導入していきます（正・変応は自由）。

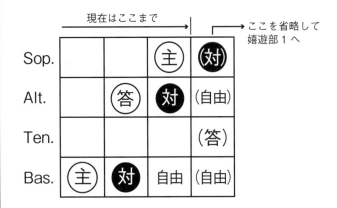

解答例は P.140 ➡

➡Section 3　四声対位法　〜作曲、フーガ〜

④フーガの技法、展開

1 ここまでの構成と進行条件

「1.主唱－2.答唱（主題提示）」を作成し、答唱に対唱を付けるところまで行きました。これまでの説明では「声部の配分」について触れてきませんでしたが、三声以上になってくると、各声部がどこから始まり、どう展開していくのか、ある程度は「**予め設計しておく必要**」があります。

例えば「学習フーガ」を参考にしてみると、「配分のパターンは四種類」と定められていますが、本書では特に定めません。できるだけ、自分の力で書きながら覚えていって頂きたいからです。

最低限の約束として、現段階では「**主唱－答唱－主唱**」と「**主題が三回以上**」出現していれば、どのような配分でも可能とします。

また、「学習フーガ」では、主題は「可能な限り全声部が最低一度は歌うこと」という暗黙の了解のようなものがありますが、実作品を多く眺めてみると、必ずしもそうはなっていません。中途半端なまま、次の展開に進むケースも多々あるのです。全声部で「主題提示」をしていると、音楽が「緩慢で冗長」になってくるので、最低限クリアしたら次に行くというスタンスを本書は取ります。

2 嬉遊部 1

フーガは冒頭に主調と属調で「**主題の提示（主唱－答唱）**」が行なわれた後、次々と近親調（関係調）による、「**主題提示**」が続きます。最初の推移では、通常、平行調とその「5度上・4度下」による主題提示（主唱－答唱）が行なわれますが、そこに辿り着くまでに「**嬉遊部**」と呼ばれる「**間奏のような部分**」が続くのが普通です（1回目の嬉遊部なので「嬉遊部1」とします）。

113

Ex-1 「平均律クラヴィーア曲集　第1巻－第11番フーガ」／作曲：J.S. バッハ

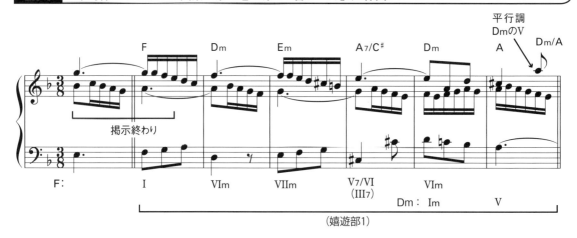

　【Ex-1】は、バッハの「平均律クラヴィーア曲集　第1巻 - 第11番」における、該当箇所のみ取り出したものです。この楽曲はFメジャー（ヘ長調）ですので、「**主調（I度、Fメジャー）**」と「**属調（V度、Cメジャー）**」による提示が収まった後に、次の「**平行調（VI度、Dマイナー）**」に向かうための動きをしています。
　嬉遊部は、基本的に「**自由**」に書いて構わないのですが、よく行なわれる定番の要素として次の二つが挙げられます。

- 主題（主唱・答唱）や副主題（対唱）に出る「旋律の要素」を使用
- 反復進行（ゼケンツ）の多用

　バッハの例でも、F（I）－ Dm（VIm）－ Em（VIIm）－ A7（VImのV度、セカンダリー・ドミナント）－ Dm（VIm）という風に推移しています。また、Dm（VIm）の調へ辿り着く直前に「**ドミナント・ペダル（P.128 参照）**」を使っており、準備に余念がありません。

♦ 和声進行的に見た場合の例

　主題の調性（和声的な）は、言うまでも無く主調（I度）ですが、旋律のみで考えると「I度音」と「V度音」の二つ（下記を参照）があり、和声進行も到達地点から「**逆算**」すると構想が練りやすくなります。

① 主唱（I度音）－答唱（V度音）－主唱（I度音）
② 主唱（V度音）－答唱（I度音）－主唱（V度音）

　このバッハの作品の場合は主題がFメジャー（ヘ長調）なので、「I → VIm」か「V － VIm」の間をどう繋ぐかを考えれば良いということです。

Ex-2 「嬉遊部1」の和声進行例

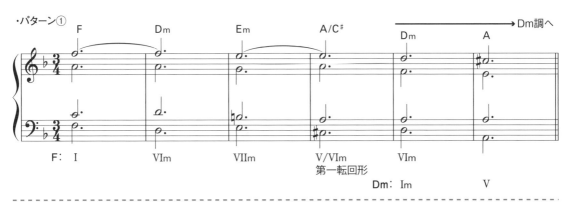

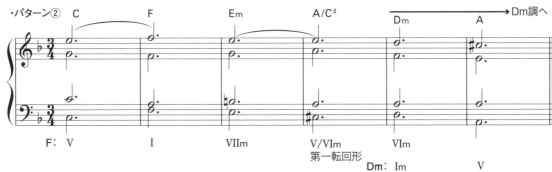

　上記の例で、バッハが非常に「芸が細かい」と感じるのが、3小節目を守調的な $Em^{(\flat5)}$ にせずに、「Em」という遠隔のコードを使っている点です。もちろん、偶然そうなっただけという可能性は拭えませんが、これは後半の「下属調提示部（B♭メジャー）」の登場を意識してのことだと思われます。極力、主題提示は「驚き（サプライズ）」があった方が良いので、予め、種明かしをするような真似を避けているのかもしれません。

　先述の島岡譲・著の「フーガの実習（P.37）」にも、嬉遊部については「到達調を経過に含めないこと」、「同じ調を二度通らないこと」というアドバイスがあります。また、トニックを確立するために「I度－Ｖ度」を繰り返したり、「I度の第二転回形」や「**ドミナント・ペダル（保続音）**」を用いるのは、バロックや古典に限らずクラシック音楽（機能和声）の常套手段です。

　反復進行の際のフレーズに関しては「**主題の旋律要素**」を活かしていれば、和声法の教本のように全てのフレーズを完璧に揃える必要はありません。

3 「平行調」提示部（第二提示部）

　主調－属調による「主題提示部」と「嬉遊部1」の後に来るのが、平行調（長調の場合は平行短調、短調の場合は平行長調）による「**提示部**」です。これは「**第二提示部**」とも呼ばれます。
　この時点で、特に調性や和声に関して混乱しているかもしれないので、再度流れを整理してみましょう。

Ex-3　長調における「フーガ」の主題提示部→平行調提示部の流れ

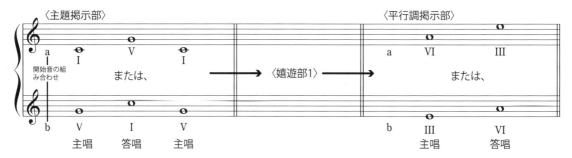

① 主唱と答唱の組合せは、「開始音」を指しています。
② 和声的には開始は「主調」と見るのが一般的だが、本来は単旋律に「機能和声」の概念が全て当てはまる訳ではありません。
③ 「学習用フーガ」では、便宜上、和声進行も「主調 – 属調 – 主調」と動くと説明しています。そして、J.S. バッハの作品も確かにそうなっているケースが多いですが、フーガに「和声進行上の規則」は存在しません。※例えば、J. パッヘルベルの作品には、開始音が「主唱 /V」–「答唱 /I」で、和声的には「主調 – 下属調」と動いているものもあります【Ex-4】参照。
④ 現代の音楽教育においては、「古典的な機能和声法」が主流にあるため、学習の段階では和声的にも「主調 – 属調と動く」と教えた方が馴染みやすい（本書も、現段階ではその流れを踏襲します）。
⑤ 「主題提示部（主調 /I）➡平行調提示部（平行調 /VIm）」という進行自体も学習用の「鋳型」であることを理解しましょう。

　実作品においては「旋律動向」が優先されるべきで、和声進行を限定してから旋律を書くのは特殊です。しかし、最初にフーガを学ぶときに戸惑うことの一つに「和声進行はどうなっているのか？」という問題があります。「学習用フーガ」では、当然の如く、「主調（I度）－属調（V度）」や「平行調（VI度）」と指定されていますが、本来は、タテの調性（簡単に言えばコード進行）は限定されてはいません。

　その良い例が、下記のJ. パッヘルベル（独 /1653-1706）のフーガです。彼のフーガは非常に明快で、一曲の中で旋律の開始音だけを見ると「I度音－V度音を行き来しているだけのもの」も多いのですが、和声的には色彩豊かで創意に富んでいます。

Ex-4　冒頭で主調→下属調に進行する例　「フーガ　ヘ長調（P.156）」／作曲：J. パッヘルベル

⇨ **Section3** 四声対位法 ～作曲、フーガ～

平行調提示部以下を「**副提示部**」と呼ぶ場合もありますが、「主題提示部」とは異なり、大幅に「**自由度**」が上がります。

- 答唱は無くても可。必要でない場合は、そのまま「嬉遊部2」へ進みましょう。
- 声部の配分も特に決まりはありません。

ここでは、できるだけ「技巧的に複雑なもの」に挑戦してみてください。「ソナタ形式（※1）」でいうところの展開部のイメージです。

Ex-5 例題

次の主題提示部の主唱を元にした「平行調提示部の主唱」を考えてみましょう。できれば、「答唱」や「平行調のⅤ度音」で始まるものも試してみてください。声部はどこから始めても構いません。

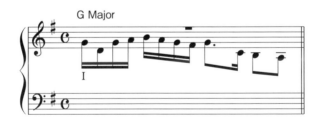

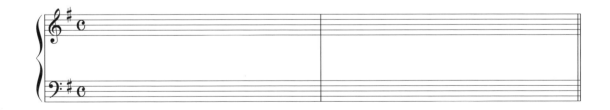

※1 序奏・提示部・展開部・再現部・結尾部といった形式の曲のこと。

Ex-6 【Ex-5】作例

　また、短調における平行調掲示部についてですが、「I度（マイナー）→ ♭III度（メジャー）」という関係が成り立ちます。
　例えば、主唱がAマイナー（イ短調）の場合は、Cメジャー（ハ長調）が平行調掲示部の主唱となり、開始音は、Cメジャーにとっての「I度音、C（ド）」または、「V度音、G（ソ）」が該当します。

Ex-7 短調におけるフーガの「主題提示部→平行調提示部」の流れ

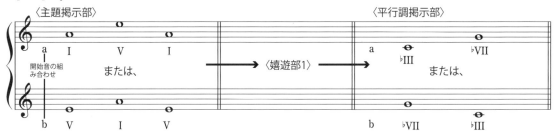

　実際の作例として、「学習フーガ」の流れに近い構成の「平均律1巻 – 第16番」の主題提示部と平行調提示部の旋律を比較してみましょう。

Ex-8 「平均律クラヴィーア曲集　第1巻 - 第16番　フーガ」／作曲：J.S. バッハ

⇨**Section3** 四声対位法 〜作曲、フーガ〜

主題提示部の主唱が、「V度音」から始まっており、平行調提示部の主唱もそれに合わせるようにできているのが分かると思います。最初のうちは「V度音から主唱を始める」のは、少し分かりにくい部分もあるかもしれませんが、積極的に挑戦してみましょう。

4 嬉遊部2

平行調提示部（第二提示部）と下属調提示部（第三提示部）を接続するのが「**嬉遊部2**」です。

Ex-9 長調における「嬉遊部2」の役割

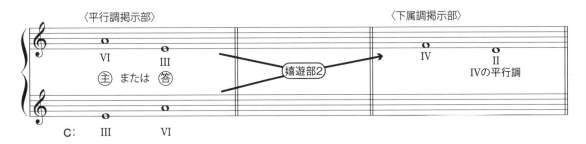

学習フーガにおいて、下属調提示部は「主唱」のみです。「IV度」➡「II度」という平行関係で動くので、嬉遊部2のターゲットは「**IV度**」になります。

ここも嬉遊部1と同様で「反復進行」を用いても構いませんし、「楽曲の主題や対主題の断片」をモチーフとして使って繋げるのも良いでしょう。可能な限り、常に「**三声以上**」が動いている状態をキープして、各声部の負担がなるべく均等になるように配慮しながら作りましょう。慣れるまでは、大まかな和声進行の設計をしておいても良いと思いますが、旋律のみで如何に繋いでいくかを鍛えるのも良い練習になります。

Ex-10 「嬉遊部2」和声進行モデル

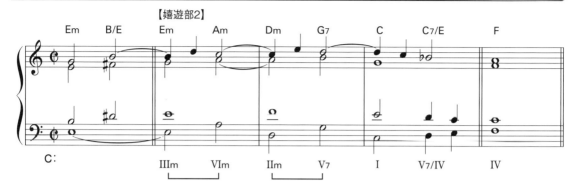

次に、平行調提示部〜嬉遊部2〜下属調提示部までの経過の例を示しておきます。

Ex-11 「平行調」→「嬉遊部2」→「下属調提示部（入りまで）」

注意点としては、「提示部の要素」を余りにも取り入れ過ぎると、どこから「嬉遊部」なのかが判別が付かない恐れがあるので、最初は比較的シンプルなものを目指して書くとよいと思います。また、「短調」の場合も「IV度調」を目指しますが、基本は「IVmの調性を感じさせる和音」に到達するように作りましょう。

Ex-12 短調における「嬉遊部2」の役割

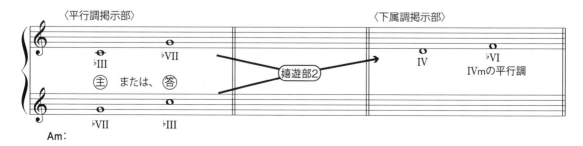

⇨ Section3　四声対位法　〜作曲、フーガ〜

Ex-13　例題

　次の譜例は、「短調の楽曲（やや旋法的）」の一部のみを取り出したものです。「嬉遊部 2」の開始位置と、「下属調提示部」の入りまでの位置がどこにあるかを示してください。まずは Bm の平行調（主唱・答唱の「I or V」）－嬉遊部 2 －下属調は？　という点から考えてみましょう。

Ex-14　【Ex-13】解答例

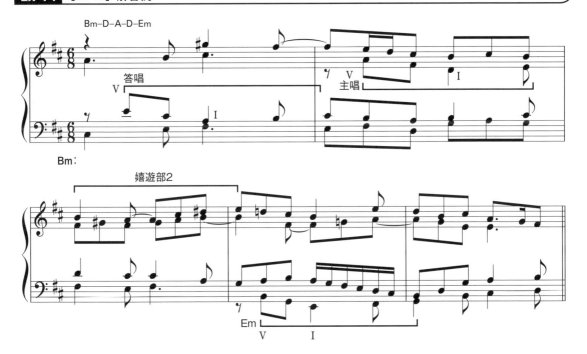

　Bm の平行調は D、5 度上は A です。そして、主題が「V 度音」から始まっており、さらに答唱の場面から切り取ったものです。

　旋法的で、平行調提示部で「主唱を二回歌っている」という捻りが利いた問題だったので難しかったかもしれません。しかし、実際の楽曲はこのように「学習フーガ」からしたら**例外だらけ**なのです。常に**「旋律の動きを中心に見るようにする」**と、和声的な枠から抜け出すことができるでしょう。

121

⇨ Section 3　四声対位法　〜作曲、フーガ〜

⑤ フーガの技法、終結

　さて、フーガも後半に差し掛かりました。「転調される主題」の登場は、これで最後になります。ここはある種「サブドミナント・セクション」とでも呼ぶべきところで、下属調の「Ⅳ度」と、その平行調「Ⅱ（m）度」がそれぞれ主唱を奏でます。短調の場合は「Ⅳ（m）度」と「♭Ⅵ度」になるので、少し注意が必要です。

　このセクションが終るといよいよ、「主調の主題」に復帰しますが、「学習フーガ」では、その間にも「嬉遊部3」とでもいうべきセクションが存在します。

※本書では、「嬉遊部3」に関しては、これまでの「嬉遊部1、2」と大きな変化は無いので割愛します。

1　下属調提示部（第三提示部）

　実作を当たってみると、主題提示の調の遷移に関して「学習フーガ」と同様になっている作品にはなかなか出くわさないのですが、先述のJ.S.バッハの「平均律クラヴィーア曲集第一巻/第16番のフーガ（G minor）」は、調性的には近い動きをしています。

Ex-1　「平均律第1巻－第16番　フーガ」より抜粋／作曲：J.S.バッハ

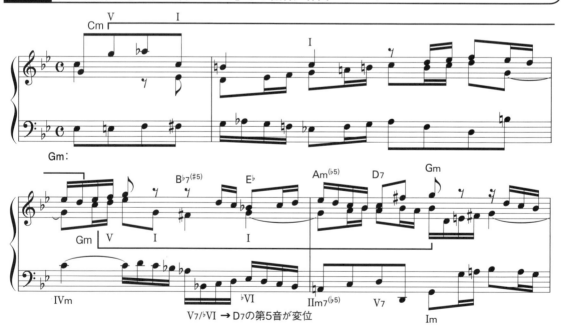

　ここで、バッハは「Ⅳ度（Cm）」の主唱を二回繰り返した上で、5度上（Gm）で答唱を行なっていますが、興味深いのは、答唱が「F♯－G」と動くときのタテの調性（和声進行）は「E♭」に解決している点です。つまり、和声的には「平行長調の♭Ⅵ度（E♭Maj）」に一旦は着地しているのです。旋律的（ホリゾンタル）には「Gm」を指向、和声的（ヴァーティカル）には「E♭」という状態ができているということです。

⇨ Section3　四声対位法　〜作曲、フーガ〜

　譜例は一度目の主唱を省き、「21小節目のソプラノの主題〜24小節」まで掲載しますので、一緒に分析してみましょう。この辺りが、フーガの調性動向に対して混乱してしまう原因かもしれません。「旋律の調性って何？」と感じる方は「機能和声」や「コード理論」から一度、頭を切り替えてみましょう。
　本来、E♭メジャーであれば、下記のような主題（主唱）になる筈です。

Ex-2　E♭（Gmの下属調の平行調）を指向した「主題」

　学習フーガに限らず、対位法全般に言えるのですが「機能和声的」に全てを割り切ってしまうと分からない部分や、誤解されてしまうことが余りにも多いのです。対位法はあくまでも旋律が主体であり、J.S.バッハの対位法はかなり「機能和声にも配慮したものである」ということができます。

　実際、彼の「手記・言行録」には、「和声に関しての理解を深めることも大切」という意味合いの言葉が残っているようですから、やはり、彼は「タテ（和音）とヨコ（旋律）」の両方（和声）の調和を追究していた（当時に限らず）稀有な作曲家だったのです。

Practice 13

　次の主題提示部の主唱を下属調（IV）と、その平行調（II）で提示してみましょう（旋法的な変化を付けても構いません）。また、自由唱声部も書けたら書いてみましょう（二声以上でも可）。

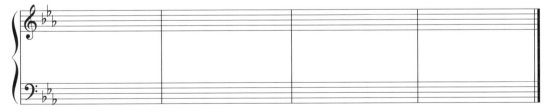

解答例はP.141 ➡

　下属調とその平行調の主唱提示が終った後、「主調の主題」に戻るまでに、さらに「嬉遊部3」を置く場合もありますが、省略するか、または数小節程度の短い「経過句（繋ぎの部分）」を置くだけでも構いません（本書では割愛します）。

2 再度の主唱提示

　ここからは、ソナタ形式でいうところの「再現部（主題の再提示／主唱（Ⅰ度・Ⅴ度音）の繰り返し）」のつもりで書いていけば良いのですが、実際のフーガはとても複合的です。再現して、そのまま終わるものもあれば、ここから「長いエンディングの序章」が始まるというものまであって、一概に「最終局面はこうなっている」とは言い切れません。

　尚、「学習フーガ」の場合はここからさらに形式が細かく、四〜五段階（対唱や平行調によるストレット〈後述〉等も含まれる）まで分かれているものもありますが、楽曲にそれを全て詰め込む必要ありませんし、寧ろ、楽曲が形式的で冗長になる可能性が高いです。
　本書ではできるだけ簡潔に再度の主唱提示から、どのようにエンディングに繋げていくのか、また、旋法的に書いた場合のヒントなどを紹介していきます。

◆「主題再現」の仕方（反行や拡大・縮小）

　最後は、あらゆる手法を使って「ゴール」に畳み掛けて行くようなイメージを持ちましょう。フーガは、もともと「**遁走曲（遁走＝逃げる）**」という意味合いもあり、掛け合いのスリルを演出することが必要です。

　主調で主題を複数回（2回以上）奏でる場合、開始音は楽曲冒頭と同様で「Ⅰ度音」か「Ⅴ度音（またはⅢ度音）」になります。その際、最初のように静かに始まるという形をとっても良いのですが、基本的には「**何らかの工夫**」を凝らすのが一般的です。声部の数に関しても、増減をさせながら動いて行くほうが、メリハリが付くことでしょう。元々は声楽のために書かれていたものですが、器楽の場合はそこまで厳密に「声部」という意識に囚われず、音域も「**かなり幅広く**」取って構いません。

　【Ex-3】は、旋法的な主題による再現を想定して書きました。主唱「A ドリアンの Ⅴ度音」→答唱「E ドリアンの反行形（Ⅳ度音／変応）」→主唱「A ドリアンの Ⅴ度音」という流れです。

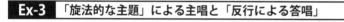

Ex-3 「旋法的な主題」による主唱と「反行による答唱」

⇨ Section3　四声対位法　〜作曲、フーガ〜

　旋法的な主題の場合、使っている音は合っていてもその旋法に聴こえないフレーズは意味を為さなくなります。例えば、【Ex-3（P.124）】の譜例の答唱の場合、答唱が「**反行**」したこともありますが、フレーズとしては「Aミクソリディアン」のようにも聴こえます。この辺りは、技術的な側面のみに神経質になる必要はありませんが、「旋法に対する感性」は常に磨いていく必要があります。

Ex-4　「平均律第1巻 – 第10番 – フーガ」／作曲：バッハ

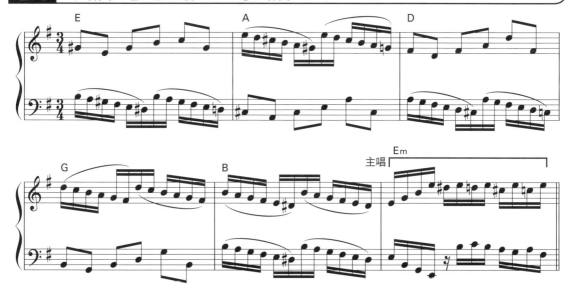

　このバッハの例は、厳密にいうと「主調に復帰」をしている部分ではありませんが、主題の持っている和声を「**単純化**（または**拡大**）」、「**細分化**（または**縮小**）」している良い例です。「大きめの音価・音符」と「細やかな音符」が入れ替わり立ち代り出てくるところ等の「変型の妙技」には本当に感動します。

③ ストレット（追迫部）と保続音部

　次に、フーガの「終盤の最大の見せ場」ともいえる「**ストレット**〈※1〉」と「**保続音部**（ドミナント・ペダル）」についてお話します。これらの技法は「楽曲の途中」に出てくる場合もありますし、「省略される」こともあるオプションともいえますが、学んでおいて損はありません。

◆ **ストレット**

　通常、各提示部は原則として、「前の主題（主唱や答唱）」が歌い終わるまで、次の主題が入って来ることはありません。それは、同時に聴こえてしまうと、混ざり合ってしまい主題が「**認識しずらくなる**」からです。しかし、このストレットの部分は、前の主題が歌いきる前に次の主題が導入され、「**緊迫感を演出する**」という手法なのです。

　ここで模倣や変形（拡大・縮小、反行や逆行など）を行なうことも自由に行なわれます。通常の提示部からしてみれば、「ズレ」を感じるでしょうし、どこが強拍で弱拍かが分かりづらくなるようなケースもありますが、そこが狙いでもあります。

　次の譜例はバッハも尊敬していた「先輩格」にあたる、当時のプロイセンの作曲家ディートリヒ・ブクステフーデ（Dieterich Buxtehude /1637頃〜1707）の「Gメジャーのフーガ（BuxWV175）」からの抜粋です。まずは冒頭の主題を見てみましょう。

※1　Stretto（イタリア語、ストレッタともいう）…緊迫して、せき込んで（元々は「狭苦しい、締め付けられた」の意味を持つ）。

125

Ex-5 「フーガ（G メジャー）（BuxWV175）」／作曲：D. ブクステフーデ

　非常にシンプルですが、後にバッハもこれに近い主題を使って素晴らしいフーガを書いています。これが後半のストレットの部分になると、どのように変化させているか比較してみてください。

Ex-6 「フーガ（G メジャー）」 後半 55 小節目－ストレット部分の抜粋

　結構、大胆にフレーズを「短縮やカット」していたり、「反行・拡大」が行なわれているのが分かると思います。さすがに、原型が全く認識できなくなるほどの変更はいけませんが、「**特徴的な動き**」さえ出ていれば、人間の耳は主題だと認識できるのです。

　次に、旋法的な例を挙げます。これは作例のため、いきなり冒頭の答唱から追迫していますが、旋律がどのようなタイミングで導入され、変形しているのか観察してみてください。

Ex-7 C フリジアンでのストレット

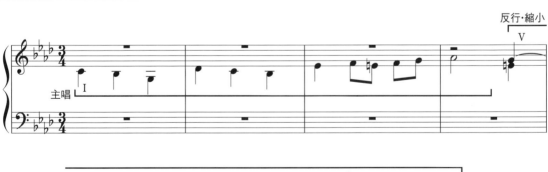

Ex-8 例題

次の主唱を参考にして、ストレットの部分を作ってみましょう。入りのタイミングや声部、その他のアレンジは自由とします。最低でも、「二回」はこの主題に関連付けたフレーズを組み合わせてみましょう。

※オクターブの模倣、答唱（属調）のどちらでも構いません。

Ex-9 【Ex-8】実施例、主唱と答唱によるストレット

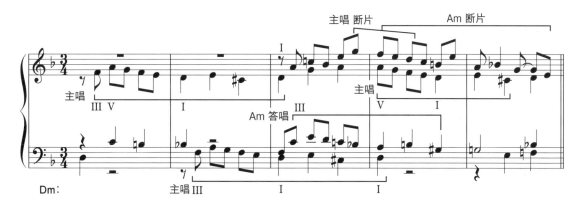

かなり入り組んでいますが、主題の統一によって意外にまとまったサウンドとして聴こえると思います。主調はＤマイナーで、少し分かりづらいですが「Ⅲ度音のファ」から始めています。旋律的にはこのファを「Ⅰ度音」と見立てて、3小節目に「5度上のＡマイナー」で答唱を立てています。

J.S.バッハの作品にも言えることですが、「**和声的に何度なのか？**」と、「**旋律的に何度なのか**」を自分なりに把握してから、対旋律の設計をした方が良いと思います。

機械的に、フーガは「Ⅰ－Ⅴ」と覚えてしまうのも一つの手ですが、やはりこういった技巧的な場面においては「個々の旋律とサウンド全体の調性」のバランス感覚が必要とされます。最終的には「3小節目〜5小節目」まで、断片も含め「主唱」に関連した音で埋め尽くされているといえます。

また、途中で通常の対位法では「禁則」になる可能性のある長7度の衝突（3小節三拍目、ジャズ風にいえば♯9th）や経過的な短9度（4小節の二拍目）、旋法の細かい移り変わり（対斜）がありますが、「**ヨコの流れ（ホリゾンタル）**」の力が強い音楽の中であれば、気にならないものです（古典和声的な感覚がどのくらい強いかは個人差があると思いますが）。実際に、大バッハも決して「機能和声の枠」には閉じ込められていません。

ストレット（追迫）に比べて省略される割合が高いのですが、使ってみるとなかなか効果的なのが「**保続音（ペダル・ポイント）**」です（ストレットと保続音を同時に行なうことも可能です）。

これは、クラシックに限らず様々な音楽ジャンルでも活用されている技術ですので、改めて説明するまでもないかもしれませんが、フーガにおける実例を見てみましょう。

　フーガでは、主に「**曲の末尾近くのバス（低音）声部**」に置かれることが多く、属音（V）による「**ドミナント・ペダル**」か、エンディングを引き伸ばすための主音（I）による「**トニック・ペダル**」が特に用いられます。

　特筆すべき点としては、ペダルとして持続させられている声部は「和声音」とは見なされず、「**上声が比較的自由に歌う**」ことがある点が挙げられます。そこだけを聴くと、まるで複調・複旋法になっているように感じますが、これも緊迫感や、最後の帰結点の「安心感や達成感（カタルシス）」を強める為の演出と言えます。

　実作においても最も多い使用例は、終止前の「**ドミナント・ペダル（属音上で楽曲が推移していく）**」です。

Ex-10　「平均律第1巻　第24番フーガ（終曲間際の2小節）」／作曲：J.S. バッハ

　例に挙げたものは少しマニアックですが、属音の保続と同時に主題（主唱）も流すという手の込みようです。下段に簡略化した和声進行を書き出しましたが、基本的に低音部は最後の音まで「属音のF♯」のみです（一部、テーマの短縮・変形を奏していますが）。【**Ex-11**】は、反対に最後の「トニック」を延引した例です。この場合、上部の和声は「サブドミナント系統」の和音で推移しています。

Ex-11　トニック・ペダルの作例（Fメジャー）

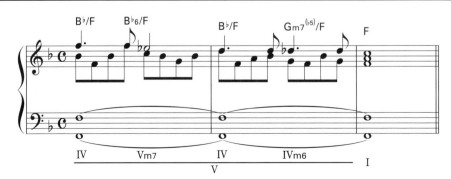

➡ **Section 3　四声対位法　〜作曲、フーガ〜**

⑥ フーガの技法、楽曲全体の構造

1 楽曲全体の構造

　フーガには定まった「形式」というものはありません。「学習用フーガ」のフォーマットは、あくまでも練習用だということを覚えておいてください。

　実際には「生きた楽曲」から学ぶのが一番であり、その多様性や着想の豊かさ、音楽性の深さにおいてJ.S.バッハは抜きん出ています。特に、「平均律クラヴィーア曲集1・2巻」は必須です。さらに純粋にフーガを突き詰めるには「フーガの技法」から学びましょう。

　もちろん、本書に登場したバッハ以前の大家達や、それから古典派以降（近現代も含めて）にも傑作はあるので、たくさん見てみることです。例えば、モーツァルト、ベートーヴェン、ブラームス、フランク、ショスタコーヴィチ、バルトーク、シェーンベルク、メシアン、カプースチン等（旋法のフーガや無調のフーガ）、数え上げればキリがありません。

Practice 14

　次の「調性の設計表」を参考に、フーガを書いてみましょう。最初は「3声」程度から始めるのがオススメです。全体の流れがまとまるまで、かなりの修練が要りますが、部分的にでも構わないので作っていくことが大切です。

　※「和声法課題」を解くように、全てを和音で埋め尽くす必要はありません。

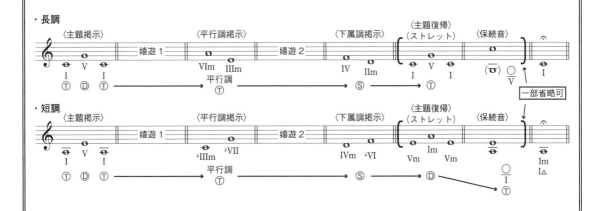

解答例は P.142 ～ 143 ➡

⇨ **Section3** 　四声対位法　～作曲、フーガ～

② 旋法的なフーガについて

本書における旋法的なフーガでは、機能和声や旧来の対位法の規則は大幅に緩和されます。

Ex-1 　旋法的に使用できる「音の同時関係」

〈a〉第二転回形（4度堆積／非機能的な和音）　〈b〉予備なしの7th（7度以上）の和音　〈c〉空虚な完全音程（4度、5度）の使用

上記のような音も使用可能です。

③ 「主題」の変容のしかた

　本来、一つの旋律（小さな単位でみると）は「**一つのトニック**」を有するものですし、あまり混ぜてしまうと聴き手に「伝わりにくくなる」のも確かです。しかし、「長・短調」や「ドミナント－トニック」という概念に縛られて音楽を作っていると段落が明確になりすぎて、旋律は常に「和声の強い支配」を受けながらしか進めなくなってしまいます。ですので、以下の〈a〉～〈c〉も積極的に試してみましょう。

Ex-2 　様々なフレーズ

〈a〉フレーズ途中の移旋

〈b〉「主唱－答唱」を書く際の大幅な変異（メジャー～マイナーなども）

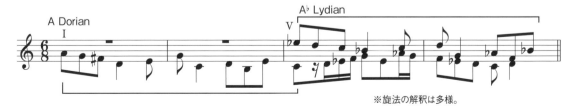

※旋法の解釈は多様。

〈c〉調性感の希薄なもの（短い区間であれば）

④ 小さなフーガ（フガート）

　本格的なフーガを書こうと気負ってしまうと、なかなか書けるものではありません。「学習フーガ」はさらに工程が多く、ハードルが高いように感じます。しかし、本項の一番初めにも書いたように、フーガに特定の形式はありません。

　練習段階では、ある程度の要件（主題にⅠ度－Ⅴ度の関係、関係調への遷移、模倣の技法が含まれる）を満たしていれば良いのだ、と気楽に構えて書いてみることです。

Ex-3　二声の小フーガ

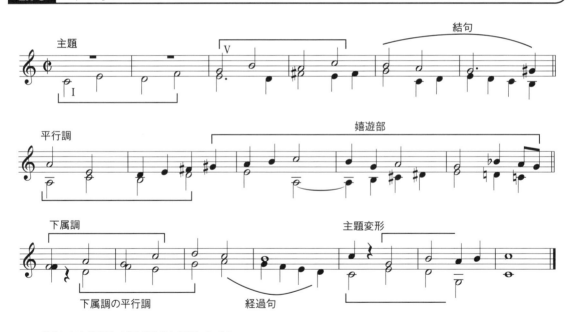

※強拍における不協和音程も積極的に活用しています。

Practice 解答例

Practice1 P.16

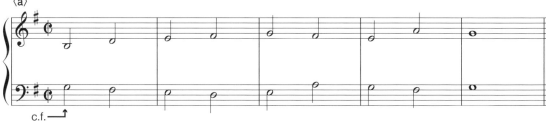

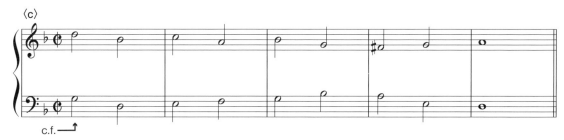

Practice2 P.23

〈c〉に関しては規則から外れた自由な動き、特に「**不協和音からの跳躍**」をしています。旋法的な特徴を優先した作例です。

Practice3　P.28

Practice4 P.35

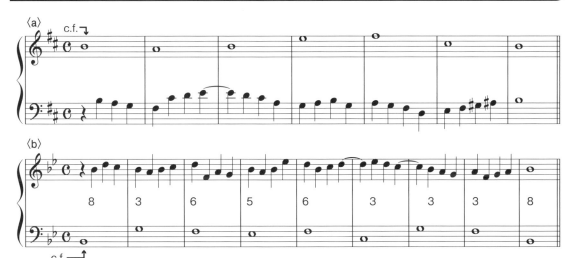

Practice5 P.39

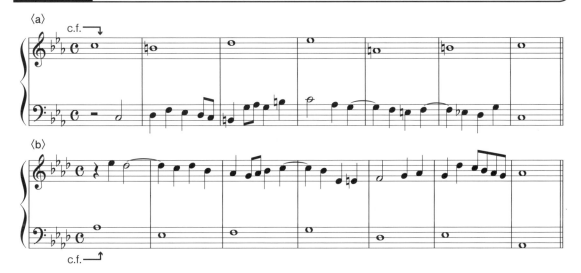

Practice6 P.51

Practice7 P.69

Practice8 ⟨a⟩ P.84

Practice8 ⟨b⟩ P.84

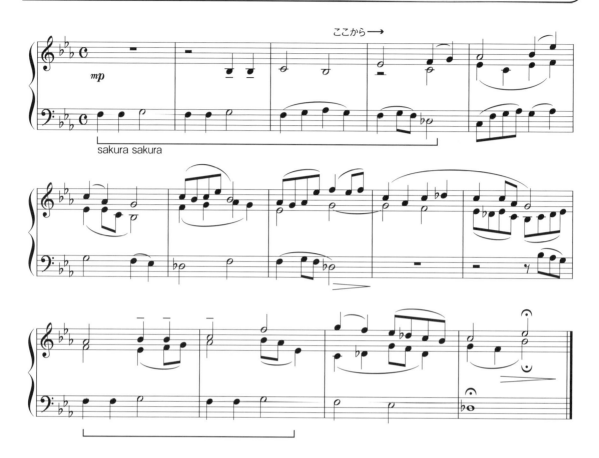

Practice9 ⟨a⟩ P.93

Practice9 ⟨b⟩ P.93

Practice10 P.102

Practice11 P.112

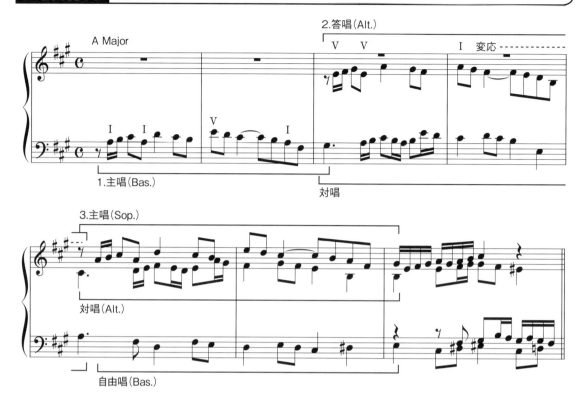

Practice12 P.119

Practice13 P.123

Practice14 （作例1） P.130

Practice14 (作例2) P.130

※下属調提示の断片（二段目3小節目のテナーに「G-C-B♭」／次の小節バスは「G—C」と対唱の断片）のように、形式を元に自由に変えていって構いません。

●終わりに

　本文中でも述べましたが、本書は、厳密な意味での「対位法理論書」を目指すものではありません。作曲する際にどういうアイディアに基づいて書いているのかを「自分なりに」思い起こし、その一部でも皆さんにお伝えできたら…という気持ちで書きました。なぜなら、これまで実際に触れた多くの実作品と旧来の「対位法理論書」を見比べて、そのあまりの落差に驚いたのが本書を書こうと思い立ったきっかけの一つです。

　ふと、頭に浮かんだ楽想や旋律を展開させていく際、「規則に反していないかどうか」が次に進むための「足枷」になっていることが多く、また、それを乗り越えて作品ができあがった後も「違反がないかどうか確認する」というような作曲のやり方は創造的ではありません。確かに、「書法」の学習段階ではそれも一つのやり方として有効だと思いますが、それではいつまで経っても「独自の世界観」を作ることは難しいといえます。

　「規則や規範」を頭の隅に置きながらも、最後は「自分なりの判断基準」を確立すること。自信を持って音を書き連ねていけるようになることが、作曲の習練において第一の目標に来るべきです。こういった考え方は「規則に忠実に」という点を重視される方には、とても型破りなものに見えるかもしれませんが、これでもまだまだ可能性の一端に過ぎません。

　巷では「人工知能」の進歩により「人が音楽や旋律を書くことの意義」が薄れつつあるという向きもありますが、今の自分にしか切り取ることのできない音楽は必ずあります。例え、結果的にそれが過去のイディオムを含むものであったとしても「表現する喜び」が途絶えることはないのではないかと思っています。
　こうしてみると、作曲はとても「個人的なもの」だともいえますが、他者（後世の人々も含めて）はそこに自己を投影しながら何かを感じ取る訳ですから、やはり書くことの意義は昔も今も変わらないのです。

彦坂 恭人（Yasuto HIKOSAKA）

◆著者プロフィール

作・編曲家／彦坂 恭人（Yasuto Hikosaka）

愛知県豊明市生まれ。桐朋高校卒業、在学中に作曲を橋本忠に師事。高校卒業後、10 年間様々な職業を経験しながら独学で作曲とピアノを学ぶ。28 歳の時に退職し、尚美学園大学芸術情報学部音楽表現学科（作曲コース）へ進学。

在学中に、作曲を坂田晃一（「もしもピアノが弾けたなら」・連続テレビ小説「おしん」・大河ドラマ・「いのち」・「春日局」）と川島素晴、和声を愛澤伯友、ジャズセオリーを外山和彦、三木俊雄に師事。また、同時期にジャズピアノにも興味を抱き、兵頭佐和子、南博に師事する。2012 年に同大学を学費全額免除特待生として卒業。

現在は、作・編曲活動の他に、作曲・ピアノレッスンも行なっている。ポップス、映像音楽（映画・ドラマ・ゲーム等）の作曲家やジャズ・ミュージシャンとの交流が深く、常に音楽の本質を捉えようとする姿勢は注目を集めている。2017 年に開催された「東京ゲーム音楽ショー 2017」では菊田裕樹、伊藤翼とともに、「オレが考えたフィールド曲」公募企画ワークショップにもパネリストとして参加。

◎主な活動実績◎
- サントリーホール 25 周年記念特別事業パイプオルゴールファンファーレ《The Dawn Of Harmony》作曲
- プルメリアミュージックスクール講師（2014 〜）
- 官公庁関連、民放ドラマ、コンシューマー・ゲームの音楽制作・協力の他、作・編曲作品多数。

◆主な楽曲提供作品（作曲）
- 『わすれな草のメモリー〜 Forget me not 〜』林彦賓（2021）全日本こころの歌謡選手権大会・第 3 期課題曲。

◆受賞・表彰歴
- 尚美学園大学音楽コンクール（作曲部門／第 1 位）
- 第 2 回 K 作曲コンクール《Revoce/ リヴォーチェ》（優秀賞）(2016)

◆編／著書（自由現代社・刊）
- コード＆メロディで理解する「実践！やさしく学べるポピュラー対位法」(2013)
- 楽器の重ね方がイチからわかる「実践！やさしく学べるオーケストラ・アレンジ」(2014)
- ワンランク上に挑む「実践！本気で学べる究極のジャズ理論」(2015)
- 「実践！作曲・アレンジに活かすためのポピュラー和声学」(2016)
- 「実践！作曲・アレンジに活かすためのモード作曲法」(2017)
- モードからフーガまで「実践！しっかり学べる対位法」(2018)
- 作曲、演奏に活かせる「実践！本気で学ぶ至高のジャズ・アレンジ法」(2019)
- 定番から応用まで「実践！作曲の幅を広げるコード進行パターン＆アレンジ」(2023))

【著者による個人レッスン】（完全予約制）
○場所：指定スタジオレッスン（池袋／新宿三丁目）
○回数：1 〜 3 回程度／月（1 回 60 分〜 90 分程度）※回数・頻度は相談可。
※レッスン内容
- 音楽理論（楽典、ソルフェージュ、基礎〜応用まで）
- 作・編曲（和声・コード理論、対位法、管弦楽法、ビッグバンド・アレンジ、DTM）
- ピアノ（ポピュラー・ジャズピアノ）

○初心者〜上級者（プロも含む）まで各自のレベルやご要望に合わせて進めて行きます。ピアノレッスンは「感覚だけに頼らない、上達に結びつくレッスン」をしております。
※詳細はメールにて、必ず「お名前／ご連絡先（電話番号・メールアドレス）を記載の上、お送り下さい。

【著者による作・編曲作品のご購入（ピアスコア）】https://store.piascore.com/search?c=953
【公式 YouTube チャンネル】https://www.youtube.com/user/yymusic728
【Mail】yasuto_hikosaka@yahoo.co.jp　【Twitter】@ yymusic

モードからフーガまで　実践！しっかり学べる対位法 _____ 定価（本体 2000 円＋税）

編著者	彦坂恭人（ひこさかやすと）
編集者	大塚信行
表紙デザイン	なないろ
発行日	2018 年 8 月 30 日　第 1 刷発行
	2023 年 11 月 30 日　第 3 刷発行
編集人	真崎利夫
発行人	竹村欣治
発売元	株式会社自由現代社
	〒 171-0033　東京都豊島区高田 3-10-10-5F
	TEL03-5291-6221／FAX03-5291-2886
	振替口座 00110-5-45925
ホームページ	http://www.j-gendai.co.jp

皆様へのお願い

出版物を権利者に無断で複製（コピー）することは、著作権の侵害（私的利用など特別な場合を除く）にあたり、著作権法により罰せられます。また、出版物からの不法なコピーが行なわれますと、出版社は正常な出版活動が困難となり、ついには皆様方が必要とされるものも出版できなくなります。私共は、著作権の権利を守り、なおいっそう優れた作品の出版普及に全力をあげて努力してまいります。どうか不法コピーの防止に、皆様方のご協力をお願い申し上げます。

株式会社　自由現代社

ISBN978-4-7982-2267-7

●本書で使用した楽曲は、内容・主旨に合わせたアレンジによって、原典と異なる又は省略されている箇所がある場合がございます。予めご了承ください。
●無断転載、複製は固くお断りします。●万一、乱丁・落丁の際はお取り替え致します。